메타수필

수필의 유형별 이해와 창작 ①
메타수필

초판발행 2025년 8월 25일
편저자 신재기
펴낸이 신지원
펴낸곳 도서출판 소소담담
등 록 2015년 10월 7일(제2017-000017호)
주 소 대구광역시 북구 호국로43길 7-19
전 화 053-953-2112

ISBN 979-11-94141-17-4 (03800)
ⓒ 신재기, 2025

* 책값은 뒤표지에 표시되어 있습니다.
* 저자와 출판사의 사전 동의 없는 무단 전재 및 복제를 금합니다.

수필의 유형별 이해와 창작 ①

메타수필

신재기 편저

솜솜
담담

• 머리말

'수필의 유형별 이해와 창작' 시리즈를 펴내며

1990년대 이후 수필 창작 인구가 늘어나면서 수필론과 창작론 관련 저서도 적지 않게 출간되었다. 이러한 책들은 창작에 입문하려는 이들에게 유용한 지침서로 활용되었다. 그러나 그 체계와 내용은 오랫동안 변하지 않은 채 답습되었고, 오늘의 창작 현실과 맞지 않는 대목도 많다. 이에 필자는 수필을 쉽게 이해하고 실제 창작에도 도움이 되는 책의 필요성을 꾸준히 느껴 왔다. 이 시리즈는 이러한 문제의식에서 시작되었다.

이 책은 좋은 수필을 쓰려면 우선 모범이 되는 작품을 충분히 읽어야 한다는 전제에서 출발한다. 외연이 넓은 수필을 일관된 기준에 의해 유형별로 분류하기는 어렵다. 따라서 분류 체계에 얽매이지 않고 익숙한 유형부터 하나씩 살펴볼 예정이다. 작품 선정도 문학적 완성도만을 기준으로 하기보다는 각 유형의 특성을 선명하게 드러내는지를 우선한다. 창작방법은 선정한 예시 작품들의 경향을 토대로 정리한다. 이는 창작의 고정된 지침이나 규칙이 아니라 열린 창작을 위한 하나의 방향 제시에 불과하다.

시리즈의 첫 권으로 메타수필을 택했다. 이 시리즈의 목적이 수필을 이해하고 창작방법을 모색하는 데 있는 만큼, 이론적 성격이 강한 메타수필을 '서론'의 자리에 둔 것이다. 창작과 이론은 하나다. 이론은 구체적 실천 과정에서 효율성을 높이고 질서를 유지하기 위한 관점과 방법을 마련하는 일이다. 문제 해결의 동력은 바로 이론에서 생겨난다. 메타수필은 수필의 본질에 대한 이론적 사유를 문학 작품처럼 형상화한 수필이다. 이론으로서의 수필론과 작품으로서의 수필이 만나는 지점이 메타수필의 자리다.

작가는 메타적 사유를 멈추지 않는다. 자신의 창작방법이 지닌 문제를 찾아 개선하고자 노력하는 자가 작가이기 때문이다. 메타수필은 그러한 노력 과정의 현장이다. 메타수필을 통한 작가의 자기 성찰과 방향 모색은 좋은 수필을 낳는 원동력이 된다. 이 책을 통해 작가의 고유한 창작 체험이 곧 설득력 있는 창작론임을 확인해 본다.

2025년 여름
신 재 기

• 차 례

머리말 4

1장 메타수필의 이해와 창작

1. 메타수필의 개념과 성격 9

2. 메타수필의 양상 14

3. 메타수필의 창작방법 20

2장 메타수필 읽기

김응숙 암탉론 25

김정화 자신의 춤을 추어라 34

김향남 적는 자가 살아남는다 41

노혜숙 난타 47

문경희 아무것도 아닌 55

박순태 글 내시경 63

성민희 노세쿠, 라세쿠, 드디어는 헤이마 71

정성화 좌표 (0,0)에서 79

최민자 시간의 사리舍利 86

최아란 새록새록 낯설게 91

1장
메타수필의 이해와 창작

1. 메타수필의 개념과 성격

　메타수필meta-supil은 '수필이란 무엇인가'라는 물음에 답을 제시하는 수필이다. 수필의 장르적 본질, 수필 쓰기의 의의, 자기만의 고유한 창작방법, 수필가로서 태도 등의 주제를 수필의 형식으로 구현하는 일련의 작품을 메타수필로 규정할 수 있다. 이는 기존의 메타시, 메타소설, 메타비평을 응용한 용어이고 개념이다. 어느 장르에서든 예술작품을 창작하는 주체는 자신의 예술적 행위에 관해 성찰하고 고민하기 마련이다. 성찰과 고민의 결과를 작품에 의도적으로 실험하고 반영해 보려는 예술가의 시도는 꾸준히 있어 왔다. 이러한 시도를 예술의 '자기 반영성'이라고 하는데, 메타수필도 이 같은 맥락에서 이해할 수 있다. 따라서 메타수필은 자기 성찰과 탐구에서 출발한다. 자신의 창작방법과 태도를 검토하고 새로운 방향을 모색하려는 노력의 일환이 메타수필 쓰기다. 수필가는 메타수필 창작으로 수필 쓰기의 의의를 재발견하고 수필가로서 신념과 자부심을 다질 수 있다.

　수필가의 수필집에서 메타수필 한두 편을 쉽게 만나게

된다. 수필을 바라보는 작가의 관점이나 창작방법 등과 관련된 내용을 담고 있어 메타수필은 독자의 작품 읽기에 시야를 틔워주고 방향을 제공한다. 즉 다양한 화제, 주제, 형식이 섞여 있는 미로를 헤매던 독자에게 방향지시등 역할을 하는 것이 메타수필이다. 이처럼 메타수필이 독자의 작품 읽기에 긍정적인 영향을 미치기도 하지만, 때로는 독자의 판단에 선입견으로 작용할 우려도 없지 않다. 하지만 메타수필은 독자의 작품 읽기를 좌지우지할 만큼 결정적 영향력을 발휘하지는 않는다. 대체로 작품을 이해하고 판단하는 데 단서를 제공하는 정도이다. 메타수필은 수필론과 같이 관점을 직접 기술하기보다는 비유로써 암시하는 경우가 대부분이므로 작가의 메시지가 독서에 개입할 여지가 크지 않다.

메타수필은 주로 수필의 특성이나 창작방법 등에 관한 글쓴이의 주관적 주장을 드러내는 것인 만큼 수필론과 겹치는 부분이 있다. 말하고자 하는 중심 내용은 수필론과 별 차이가 없다. 그렇다면 수필에 대한 관점을 논리적으로 피력하는 수필론도 메타수필에 해당하는가. 물론 메타수필과 수필론을 분명하게 경계 지을 수는 없으나 둘의 성격은 다르다. 그 차이는 무엇일까.

  수필론이 수필의 본질이나 특징에 관해 주장을 직접 피력한다면, 메타수필은 그것을 구체적인 경험이나 비유에 기대어 간접적으로 암시한다. 메타수필은 내용에서는 수필론과 다르지 않지만, 그 형식에서는 구체적 경험을 형상화하는 방법을 취한다. 양자는 똑같이 수필과 관련된 어떤 내용을 분명하게 정리하고 이해하는 데 목적이 있다. 하지만 그 목적을 이루기 위해 취하는 방법은 다르다. 수필론이 '개념적 인식'에 바탕을 두고 있다면, 메타수필은 '형상적 인식'을 지향한다. 달리 말하면, 메타수필은 문학이고 수필론은 비문학이다. 따라서 메타수필 창작의 핵심은 문학적인 요소를 최대한 반영하는 일이다.

  그렇다면 문학적 요소란 어떤 것인가. 그것을 단정하거나 특정하기가 어렵지만, '형상화'가 그 핵심이라고 볼 수 있다. 문학의 본질은 구체성을 매개로 보편성을 획득하는 것이기 때문이다. 개념과 논리로 대상을 설명하지 않고 형상화로써 대상을 구체적으로 보여주는 것이 문학과 예술의 기본 방식이다. 형상화의 방법은 여러 가지다. 대상의 모습을 상세하게 시각화하는 것, 서사를 바탕으로 그

움직임과 변화를 포착하는 것, 기존의 존재를 다른 존재로 이동하여 낯설게 제시하는 비유 등은 형상화의 전형적인 모습이다. 즉 구체적으로 보여주기, 서사적 틀로 이야기하기, 보조관념을 끌어와 비유하기 등은 문학적인 것의 본질적인 측면이다. 메타수필의 기본은 이러한 문학의 본질적인 형식을 활용하여 수필과 관련된 다양한 문제에 관해 타당한 견해를 드러내는 글쓰기이다.

다음 도식에서 보듯, 왼쪽에 무게를 두는 것이 메타수필 창작의 핵심이다. 오른쪽으로 갈수록 메타수필로서의 성격이 약해진다. 이처럼 메타수필은 내용에서는 수필론과 다르지 않지만, 그 형식에서는 구체적 경험을 형상화하는 문학의 방법을 취한다.

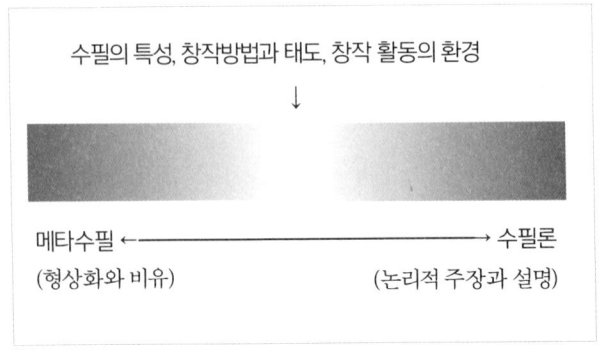

한국 수필사 100년 동안 생산된 수필 작품을 일별해 볼 때, 화제(재료)에 의미를 부여하는 형식을 취하는 것이 일반적이다. 이 경우 대체로 사유(의미)보다는 경험의 부피가 더 크다. 이는 우리 수필이 문학성을 내면화하는 방향으로 진화해 왔다는 증거다. 즉 어떤 사상과 관념을 구체적인 대상과 사실에 바탕을 두고 표현하는 것이 문학의 기본 속성이라는 인식을 유지했다는 뜻이기도 하다.

하지만 메타수필은 이런 문학적인 특성을 살리기 어려운 여건에 있다. 왜냐하면 그 창작이 어떤 개념이나 방법적 기술을 주장하려는 의도에서 출발하기 때문이다. 특정 주장을 독자에게 설득하는 데 목적을 두는 것이 메타수필이다. 따라서 메타수필은 사유나 주제가 중심이 되므로 문학적인 특성을 살리기 위해 대상을 형상화하거나 비유적으로 표현하는 데에는 한계가 있다. 강한 주제의식과 문학적인 표현이라는 두 지점 사이에서 고민하지만, 대개 주제 쪽으로 쏠릴 가능성이 큰 것이 메타수필이다. 메타수필의 이런 점을 두고 수필론의 성격을 띠는 비문학적인 모습이라고 쉽게 단언하는 것은 합리적인 태도가 아니다.

메타수필은 수필의 본질과 수필 쓰기의 방법에 관한 근

원적인 질문에서 출발한다. 이런 물음을 중심으로 촉발되는 작가의 다양한 관점은 수필에 대한 독자의 인식을 확장하고 유연하게 하는 데 많은 도움을 준다. 메타수필이 문학의 토대 위에 있기는 하지만, 일정 부분 '독립적인 철학적·비평적 텍스트'로 존재하는 점도 부인할 수 없다.

2. 메타수필의 양상

메타수필은 수필 장르 자체에 대한 자기 반영적 성찰과 창작 원리를 담아낸 글이다. 뒤에 메타수필에 해당하는 10편의 예시 작품을 선정하여 수록했다. 이들 작품은 메타수필의 특성을 잘 드러내면서 수필의 본질, 수필 쓰기의 태도, 창작 과정 등에 관해 개성이 넘치는 의견을 제시하고 있다. 그 중심 내용을 네 가지로 분류해 보았다.

창작의 본질을 비유적으로 탐구

〈암탉론〉, 〈자신의 춤을 추어라〉, 〈시간의 사리〉가 여기에 해당한다. 〈암탉론〉에서 작가는 글쓰기를 암탉의 알

낳기에 비유하고 있다. 글이란 작가 내면의 심상이 축적되어 알처럼 외부로 배출되는 것이라고 한다. 그리고 글쓰기는 알이 다시 깨지면서 자기 갱신을 이루는 고통스러운 과정이라고 본다. 창작의 과정을 감각적이고 비유적으로 형상화한다. 〈자신의 춤을 추어라〉는 수필 창작을 탭댄스 공연에 비유하여 설명한다. 탭댄스가 몸으로 리듬을 만들고 관객과 교감하듯, 수필도 작가의 진정한 내면을 정신적 리듬으로 형상화하여 독자와 소통하는 예술 행위라는 것이다. 〈시간의 사리〉에서는 연필심 조각가 달튼 게티의 작업에 기대어 창작에 요구되는 고독과 몰입의 의미를 강조한다. 작은 연필심 위에서 시간의 공을 들이는 조각가의 집중과 인내에 비유하여 글쓰기란 외부 세계와 단절된 몰입 속에서 하찮고 미미한 대상에 생명력을 불어넣는 과정임을 말한다.

글쓰기의 태도에 대한 성찰과 고백

〈아무것도 아닌〉, 〈좌표(0.0)에서〉, 〈새록새록 낯설게〉는 수필 쓰기의 태도에 관해 말한다. 〈아무것도 아닌〉에서 작가는 많은 수필에서 드러나는 글과 실제 삶 사이의 거리를 비판적으로 성찰한다. 글이란 결국 삶의 일부이지 전부가 될 수 없다는 한계를 인식하고 자신의 글쓰기도 새롭게 정립되어야 함을 암시한다. 〈좌표(0.0)에서〉에서 작가는 글을 쓸 때마다 방향을 잃고 허허벌판에 선 듯한 느낌을 표현하고, 수필 창작 과정의 막막함과 어려움을 진솔하게 고백한다. 동시에 수필이란 자기만의 방식으로 운영하는 개인 가게 같은 것이므로 타인의 시선에 얽매이지 않고 내적 자유를 확보해야 한다고 말한다. 〈새록새록 낯설게〉는 일상적 삶을 다시 펼쳐 낯설게 바라보는 것이 수필의 기본임을 주장한다. 이들 작품은 작가 개인의 내적 고민과 창작 태도를 진솔하게 고백하면서, 자기 성찰적 글쓰기라는 메타수필의 중요한 특징을 잘 보여준다.

글쓰기의 현실과 이상 사이 갈등

〈난타〉와 〈글 내시경〉이 여기에 해당하는 작품이다. 〈난타〉는 작가 내면의 다양한 자아들이 문학상의 공정성 문제를 둘러싸고 치열한 논쟁을 벌이는 형식을 취하는 실험성이 강한 작품이다. 낯선 형식을 통해 문학계의 현실적 권력관계와 인정 욕망을 날카롭게 비판한다. 문학의 이상적 가치와 현실의 괴리를 지적하고 진정한 문학의 가치는 외부의 인정이나 상이 아닌 작가의 내면적 결기에서 비롯된다는 메시지를 전한다. 〈글 내시경〉은 문학 공모전에 당선된 뒤 자신의 글이 지닌 얄팍함과 피상성을 반성한다. 그리고 글의 내면성, 즉 '글 내장'을 키워야 한다는 자기비판적 성찰을 전개한다. 수상 경력이나 기교가 아닌, 내적 성찰과 깊이 있는 사유를 바탕으로 한 글쓰기가 수필가의 진정한 태도임을 말하는 작품이다. 이들은 메타수필에서 흔히 다루는 현실과 이상 사이의 갈등을 깊이 있게 비판하며 문학의 근본적 가치에 대해 질문을 던진다.

수필의 기록성과 허구성

〈적는 자가 살아남는다〉, 〈노세쿠, 라세쿠, 드디어는 헤이마〉가 여기에 해당한다. 〈적는 자가 살아남는다〉는 개인적 삶의 기록이 곧 역사이며, 기록 행위 자체가 존재의 지속성과 연결성을 확보하는 수필의 본질이라고 말한다. 소박한 기록이 삶의 고유성을 드러내고 후대와의 소통을 가능하게 한다는 것이다. 〈노세쿠, 라세쿠, 드디어는 헤이마〉는 수필에 등장하는 인물의 실제 이름을 둘러싼 고민을 통해, 수필 장르가 지닌 진실성과 문학적 변형이라는 허구성 사이의 긴장을 다룬다. 실제 사실을 정확하게 전달해야 한다는 기록성과 문학적 효과를 위한 '선의의 거짓말'이 수필 창작 과정에서 어떻게 작용하는지를 구체적 사례로써 실감 있게 말한다. 두 작품은 수필이라는 장르의 본질적인 성격을 탐구하면서, 메타수필의 자기 반영성을 잘 드러내고 있다.

메타수필은 그 내용의 속성상 작가의 주장이나 사유가 강하게 드러날 수밖에 없다. 반면에 경험이나 서사가 중심이 되어 작품 전체를 견인하기가 어렵다는 뜻이다. 이런 점에서 메타수필은 경험 중심보다는 사유 중심의 수필로 쏠릴 여지가 많다. 예시 작품에서 이러한 경향을 충분히 확인할 수 있다.

메타수필 본연의 출발지는 수필의 본질에 관한 물음이다. 이러한 수필 본질에 대한 물음은 자연스럽게 수필 장르론으로 확대될 수밖에 없다. 하지만 수필 장르에 관한 논의는 메타수필이 감당하기 어려운 영역이다. 장르론은 학술적이고 이론적인 논의가 요구되는 부분이기 때문이다. 따라서 수필의 본질적인 특징이나 장르의 속성에 대한 심도 있는 논의는 수필론 내지는 수필이론의 몫으로 돌릴 필요가 있다. 문학 작품의 성격을 지니는 메타수필은 이런 문제를 논의하기가 어렵다는 뜻이다. 수필 장르 문제를 다루고 싶은 욕망은 종종 메타수필도 수필이라는 점을 잊어버리게 한다. 따라서 대부분의 메타수필은 문학의 고유한 성격을 구현하는 일, 즉 형상화가 수월한 개인적인 경험과 밀착된 내용을 주제로 설정하는 좋다. 작가 자신의 창작 경험에 토대를 두고, 창작방법이나 태도, 수필계의 문제점 등에 관해 의견을 피력하는 메타수필이 대세를 이루는 이유가 여기에 있다. 이렇게 볼 때 메타수필의 가치는 담고 있는 메시지의 무게가 아니라, 작가가 수필 쓰기에 대해 스스로 성찰함으로써 자신을 갱신하겠다는 의지를 다지는 데 있다고 할 수 있다.

3. 메타수필의 창작방법

• 창작 과정을 비유적으로 형상화한다

메타수필은 '수필은 무엇인가'라는 수필의 본질에 관한 물음을 다루지만, 그것을 이론적으로 설명하거나 논리적으로 구성하지 않는다. 글쓰기 과정을 일상의 사물이나 행위에 빗대어 비유적으로 표현함으로써 독자가 그것을 보다 직관적으로 이해하게 만든다. 예컨대, 글쓰기를 '알을 낳는 암탉의 고통'에, '돌다리를 두드리는 행위'에, 혹은 '물을 긷는 우물질'에 비유할 수 있다. 이런 비유는 창작 행위가 기술이 아니라 감정과 사유, 직관이 복합적으로 얽힌 심리적인 과정임을 감각적으로 형상화한다. 이런 비유의 방법은 독자가 글쓰기의 본질을 이해하는 데 그 어떤 방법보다 효율적이다.

• 작가의 태도와 내면을 고백적으로 드러낸다

메타수필은 작가의 수필에 대한 관점과 창작 태도를 드러내는 글이다. 수필을 쓸 때 마주치는 불안, 회의, 자괴, 혹은 우연한 기쁨과 각성의 순간을 진솔하게 고백함으로써 독자와 깊은 정서적 교감을 형성한다. 이때 작가는 수필가로서 자신의 정체성과 태도를 반성한다. 창작 과정에서 있었던 실패 경험이나 부끄러움을 회피하지 않고 솔직하게 작품에 담아낸다. 이런 고백은 사적 감정을 드러내는 것이 아니라, 독자도 글쓰기 주체로서 공감하고 자기 내면을 비춰보게 하는 문학적 장치로 기능한다.

• 현실과 이상 사이의 내적 갈등을 서사화한다

작가는 창작이라는 행위가 현실적 조건과 문학적 이상 사이에서 얼마나 복잡한 내적 갈등을 유발하는지를 이야기한다. 예를 들어 작가는 수상, 출판, 대중적 인정, 단체활동 등과 같은 문학의 사회적 문제를 두고 갈등할 수 있다. 그리고 외적 보상에 대한 욕망, 진실하고 깊은 글을 쓰고자 하는 내면의 요구 사이의 충돌에 직면하기도 한다. 이런 문제 있는 상황을 서사화할 수 있다. 작가는 갈등 상황에서 자신이 어떤 길을 선택을 했고, 그것이 어떤 결과를 낳았는지를 반추함으로써 창작의 윤리적, 예술적 기반을 비판적으로 탐색한다. 자기비판적 태도는 수필 장르의 본질과 한계에 대한 반성적 사유로 확장된다.

- 진실과 허구 사이의 긴장을 형상화한다

수필은 실제 경험과 사실에 기반을 두고 있지만, 동시에 문학적 효과를 위해 어느 정도의 구성과 허구성을 필요로 한다. 메타수필은 이 두 요소 사이의 긴장을 의식적으로 쟁점화할 수 있다. '사실을 고치지 않고는 진실을 말할 수 없다'는 문학의 아이러니가 여기서도 작동한다. 메타수필은 사실에 토대를 두는 수필의 장르적 특수성과 창작의 모순을 함께 고민하도록 독자를 초대한다.

- 개인 경험을 통해 수필의 본질을 암시한다

메타수필은 수필 이론처럼 개념을 직접 서술하지 않는다. 대신에 작가는 특정한 개인의 경험을 진솔하게 서술하거나 형상화한다. 이러한 구체적 장면은 수필이란 장르가 얼마나 삶과 밀착되어 있는지를 자연스럽게 암시해 준다. 독자는 작가의 일상을 통해 수필이 결코 특별한 '사건'을 필요로 하지 않으며, 오히려 평범한 일상과 감정 속에서 문학적 진실을 찾아내는 장르임을 직관적으로 깨닫게 된다. 이는 이론적 설명보다 훨씬 깊은 정서적 설득력을 발휘한다.

2장
메타수필 읽기

암탉론

김응숙

나는 암탉이다.

첫 문장을 써놓고 골똘히 바라본다. 짧고, 의미도 간결해 첫 문장으로 제격이지 싶다. 근데 다시 읽어보니 사람인 내가 암탉이 될 수는 없다. 도대체 무슨 말인가. 나와 암탉 사이가 너무 멀다.

어린 시절 나는 외갓집에서 초등학교에 다녔다. 외할머니는 장독대의 눈이 녹기가 무섭게 양계장을 청소하고, 날개에 갓 깃털이 돋은 삼십여 마리의 병아리들을 채워 넣었다. 그때부터 물과 모이를 주는 것은 나의 소임이었다. 병아리들은 쑥쑥 자랐다. 솜털이 빠져 민들레 갓털처럼 양계장을 휘휘 돌아다녔다. 꽁지깃이 나고 봉숭아꽃 색

벼슬이 맨드라미꽃처럼 붉어지면 중닭이 되었다는 표시이다. 나는 할머니가 시키는 대로 산란용 사료 부대를 헐고 푸성귀를 썰어 부지런히 모이를 주었다. 그리고 여름방학을 맞았다.

그날의 풍경은 이렇다. 문을 열자 작은 창으로 흘러든 햇살이 마치 실개울처럼 양계장 안을 휘돌고 있었다. 빛의 물결은 모이통 아래 알받이에 놓여있는 세 개의 작은 알들을 씻는 중이었다. 양계장은 밝았지만 나는 순간 정적을 들이켜며 전율을 느꼈다. 꾸룩꾸룩 대며 암탉의 검은 눈이 나를 응시했다. 알들은 흰 조약돌처럼 빛났다. 나는 조심스레 손을 뻗었다. 알을 쥐자, 손바닥에 따끈한 열기가 새겨졌다. 오래도록 지워지지 않는 화인 같은 열감이었다.

여름방학 내내 나는 어떤 의문에 사로잡혔다. 암탉은 어떻게 해서 알들을 낳는 것일까. 사실 그 답을 얻는 방법은 가까이에 있었다. 다만 용기가 좀 필요했다고나 할까.

외할머니는 닭칼국수를 만들기 위해 가끔 암탉을 잡았다. 식구들의 여름철 보양식이었던 셈이다. 외할머니가 닭 날개를 휘어잡고 우물가로 향하면 나는 여름 더위와는 또 다른 열기로 식은땀을 흘렸다. 마루에 엎드린 채 두 손에 얼굴을 묻고 숨을 죽였다. 그러다 호기심에 못 이겨 살짝 벌려 놓은 손가락 사이로 암탉의 갈라진 배를 보고야 말았다.

내장을 들어낸 암탉의 뱃속에는 찰흙으로 빚은 것 같은 노란 포도송이가 들어 있었다. 그것들은 핏기가 감도는 내막 속에 성글게 맺혀 있었는데, 아래로 내려갈수록 크기가 커졌다. 마지막 것은 거의 계란만 했다. 만약 암탉이 살아있었다면 다음번 알이 될 것이었다. 암탉의 뱃속을 보았다고 해서 그 신비한 답을 다 이해할 수는 없었다. 다만 그것들을 보는 순간 나의 내면에 포도알 같은 심상心象이 맺히고 있다는 것을 어렴풋이 느꼈다.

언제부터 크고 작은 심상들이 맺혀왔는지를 말하기는 어렵다. 단지 그 심상들은 나와 타인의 상처와 깊이 관련되어 있는 것 같다. 상처에 맺힌 심상은 세월이 아무리 흘러도 떠내려가지 않았다. 나는 좀 예민한 사람이었다. 환경도 썩 좋지 않았다. 오래된 가난은 수많은 상처를 남겼다. 그것들은 어두운 골목에 부는 찬바람으로, 묘혈에 내리는 싸락눈으로, 어머니 관 뚜껑을 내려치는 망치 소리로, 아버지에게서 나는 짙은 니코틴 냄새로, 남몰래 훔쳐 먹던 케이크의 아릴 만큼 달콤한 맛으로 심상을 남겼다.

가끔은 환희와 경탄으로 인한 심상도 생겼다. 상처 입은 짐승은 숲속으로 가서 자신을 스스로 치유한다고 한다. 나도 자연에 의지하는 때가 많았다. 여명이 비치는 매화꽃을 보았다. 아스팔트 틈새에 피어있는 민들레도 보았다. 키를 넘는 억새밭에 몸을 숨기고 핏빛 같은 노을을 바라보았다. 그 하늘을 고단한 날갯짓을 하며 나는 새 떼도 보았다. 영롱한 구슬처럼 심상이 맺혔다. 다시 말해 나의 오감이 어떤 것에 집중되어 있거나 활짝 열려 있을 때 심상은 저절로 맺히곤 했다.

평소에 그것들은 내면 깊숙이 가라앉아 있다가 어느 순간 점점 커지며 의식의 표면으로 떠오른다. 시간 순서가 있는 것이 아니므로 나도 그 시작과 끝을 알 수 없다. 물론 개수를 헤아리기도 어렵다. 언제 알이 되어 나올지도 모른다. 그러나 어디선가 청탁이 오고 마감이 가까워지면 급속히 커지는 경향이 있기는 하다.

습작 시절 나는 지독한 상실감에 시달렸다. 글을 쓰면 쓸수록 내 안이 텅 비어가는 것 같았다. 게다가 써놓은 글들은 하나같이 배설물에 불과했다. 나는 신경성 대장염까지 앓아가며 전전긍긍했다. 그러다가 '백열전구'라는 글이 한 공모전에 당선되었다. 병아리 부화기에 관한 글이었다. 그때부터였던 것 같다. 무형의 글이 유형의 알로 느껴지기 시작한 것이. 글 한 편이 손바닥으로 감지할 수 있는 알 하나가 되었다. 서너 편이 쌓이자 제법 중량감이 느껴졌다. 글을 모아놓는 폴더의 이름을 '알바구니'라고 붙였다. 상실감이 사라졌다.

 나는 내 글이 계란 같기만 하였으면 한다. 허기는 지고, 시간은 없을 때 후딱 해 먹을 수 있는 계란 후라이면 좋겠다. 소풍 때 가져간 삶은 달걀이라도 좋겠다. 김밥에 들어간 지단이어도 좋겠다. 그리고 아주 드물게라도 존경해 마지않는 에디슨처럼 누군가가 가슴으로 내 글을 품어 인생의 새로운 의미를 탄생시킨다면 더없는 영광이겠다.

 어느 독자에게서 당신의 글은 몸으로 쓴 것 같다는 평을 들은 적이 있다. 머리로 썼다면 지성을 인정받은 것이고, 가슴으로 썼다면 인성을 칭찬받은 것이리라. 그럼 몸으로 썼다는 것은 어떤 뜻일까.

 요즈음 계란은 세척과 살균을 거쳐 시장에 나온다. 그

래서 냄새가 없다. 근데 갓 낳은 계란에서는 특유의 비린 내가 난다. 자연이라는 위대한 조향사가 오래 묵은 땀 몇 방울에 갓 솟은 눈물 한 방울을 섞어 만들어 낸 좀 큼큼하고 싸한 향이다. 알에 묻어있는 암탉의 체액이 마르면서 나는 냄새다. 아마 내 글에서도 날것의 비린내가 좀 나는 모양이다. 평론에 별 전문지식이 없는 나는 그저 그렇게 그 평을 받아들인다.

조류독감이 휩쓸고 간 뒤 달걀값이 올랐다. 알을 낳을 암탉들이 사라졌기 때문이었다. 서른 개 한 판에 3,600원 하던 것이 10,000원 가까이 하자 사람들은 사재기까지 해가며 아우성을 쳤다. 중학교 가정 교과서에 완전식품이라고 나와 있긴 하지만 나는 계란이 그렇게 필요한 것인지는 처음 알았다. 냉장고에 서너 알 남은 계란을 생각하니 나도 마음이 불안해졌다. 하긴 무엇이든 귀해지면 비싸진다. 그래봐야 한 알에 300원 남짓이니 비싸다고 해야 할지는 모르겠지만. 지금은 한 판에 7,200원 정도 한다. 따져보면 계란만큼 싼 것도 드물다.

내 글도 싸다. 가뭄에 콩 나듯이 원고료를 받는다. 내 글이 싼 이유는 너무 흔하거나, 불완전해서 상품 가치가 없어서일 것이다. 이 부분에서도 전문 지식이 없는 나는 그저 그렇게 여긴다. 거기에 보태어 이런 한심한 생각도 한다. 계란이 보석처럼 비싸다면 누가 그걸 먹을 수 있겠는가. 공기처럼 물처럼 정말 소중한 것들은 공짜가 많다. 달걀만 해도 그걸 낳은 암탉과 알의 신비를 생각하면 턱도 없는 가격이 아닌가. 내 글이 과연 계란만큼의 값어치가 있는가 하고 말이다.

나는 시간이 나는 대로 단어와 문장을 쪼아 먹는다. 단어는 풋보리처럼 탁 터지는 것을 좋아하고, 문장은 지렁이처럼 살아 꿈틀거리는 것을 즐긴다. 가끔 푸성귀도 먹는데 그럴 때면 속이 시원해진다. 마치 식물의 상상력을 흡수한 것 같다. 푸성귀들은 내가 낳을 알의 이미지를 만들어주며 산란을 촉진한다. 단어와 문장은 책 속에 가득하고, 푸성귀는 산책길에 널려있다.

내가 외부에서 섭취하는 것들은 알의 껍데기가 된다. 심상은 아무리 자라나도 무형의 무엇이다. 그것을 밖으로 내어놓으려면 껍데기가 필요하다. 단단하면서도 얇아서 내용을 드러내면서도 안팎이 서로 긴밀히 연결되어야 한다. 하지만 과식을 했는지 딱딱하고 두꺼운 껍데기가 되기 일쑤다. 심상은 단어와 문장에 갇혀 숨도 쉬지 못하고, 이미지는 훼손된다. 나는 그 알을 깨버린다.

인간에게 알을 깨야 한다고 외친 작가가 헤르만 헤세던가. 작가에게 단어와 문장으로 이루어진 글은 한 세계이다. 알을 깨면 그 세계가 무너진다. 냉정하게 말하면 고통에도 불구하고 무너져 내리는 것은 축복이다. 알이 깨지는 소리는 새로운 알의 탄생을 알리는 전주곡이다. 그러나 단 한 가지 전제가 있다. 무너지는 것은 내가 아니라 나의 인식이라는 자각이 있어야 한다.

단어와 문장으로 이루어진 인식은 껍데기이다. 전날 내가 먹은 사료일 뿐이다. 진정 중요한 것은 암탉이 자연스럽게 뱃속에서 알을 만들어 내듯 나의 내면에서도 당연히 새로운 심상들이 창조되고 있다는 것을 믿는 일이다. 나를 믿으며 알을 낳고, 나를 의심하며 알을 깨뜨리고, 또다시 새로운 알을 낳는 것이 암탉이 된 작가에게 주어진 숙명이다.

이제 마지막 문장만을 남겨놓고 있다. 암탉이 지척에 와 있다. 드디어 마침표를 찍는다. 이 순간만큼은 아무리 생각해도 '나는 암탉이다.'

〔작품 평설〕

수필 쓰기, 자기 갱신의 과정

 "나는 암탉이다"라는 선언적 문장으로 시작해, 글쓰기 행위를 암탉의 산란에 비유함으로써 창작의 과정을 감각적이고 상징적으로 형상화한 작품이다. 작가는 유년기의 양계장 경험을 토대로, 심상이 어떻게 내면에서 자라나 단어와 문장이라는 껍데기를 통해 외부로 형성되는지를 섬세하게 말하고 있다. 글쓰기의 실체를 자기 경험과 상징을 통해 형상화한 이 작품은 **글쓰기의 의미, 창작의 내면 풍경, 작가의 태도와 정체성 등을 다층적으로 반영하고 있다는** 점에서 메타수필의 본질을 충실히 구현했다고 평가할 수 있다. 그리고 작가는 언어와 문장은 껍데기에 불과하며, 그 안에서 살아 있는 심상이 자유롭게 숨 쉴 수 있어야 진정한 글이 탄생한다고 역설한다. 때로는 그 껍데기를 깨뜨릴 용기가 필요하다고 한다. 글쓰기가 기존의 세계를 해체하고 새로운 세계를 여는 '내면적 혁명'의 과정임을 강조한다. 이는 수필이라는 장르가 자기 세계를 갱신하고 독자와의 진정한 교감을 모색하는 실천적 행위라는 뜻이다.

자신의 춤을 추어라

김정화

 두드림이 짙다. 스윙 음악에 맞춰 압도적인 탭댄스 군무가 시작된다. 뛰고, 앉고, 서고, 걸으며 종횡무진 무대를 누빈다. 배우는 발소리로 음악을 만들고 관객은 눈으로 춤을 읽는다. 휘몰아치는 몸의 소리를 듣는다. 과연 뮤지컬 '브로드웨이 42번가'의 춤꾼들답다.

 그들은 온몸으로 자신을 표현한다. 움직일 때마다 폭발적 에너지가 솟는다. 북채가 된 몸이 무대를 두드리고 땅을 진동케 한다. 공연장 가득 탭 소리가 쏟아져 내린다. 추는 이도 지켜보는 이도 온전히 몰입한다. 춤은 그야말로 혼신으로 던져 내는 몸의 언어.

 시작詩作은 머리나 가슴이 아닌 온몸으로 밀고 나가는

것이라는 김수영 시인을 생각하는 것은 당연한 일. 문학을 목매달아 죽어도 좋은 나무라고 여기는 소설가와, 시상에 골똘하다가 바지를 입은 채 용변을 보았다는 시인과, 탈고하는 것은 원시반본原始返本의 물화라고 정의 내린 노 수필가도 연이어 떠올린다.

작가들이 글꾼이나 글쟁이라 낮추듯이 탭댄서들은 스스로 탭꾼이라 부른다. 내 주위에는 탭댄스에 온전히 삶을 바친 몇 명의 탭꾼이 있다. 그들은 전국 공연장을 순회하기도 하고 탭의 본향인 뉴욕으로 날아가서 두어 달 춤만 추다 오기도 한다. 얼마 전에는 영화 〈라라랜드〉의 연인들처럼 황홀한 공연을 광안리 바닷가에서 오래도록 펼쳐냈다. 그들 중 한 명이 브로드웨이 앙상블로 출연한 덕에 특별석의 호사를 누리게 되었다.

내가 처음으로 가까이에서 춤을 만난 것은 초등학교 때이다. 시골 학교 운동장에서 공옥진 여사가 병신춤을 추었다. 팔을 뒤틀고 다리를 절뚝이며 무대도 없는 모래밭을 오갔다. 탈을 갈아 쓰듯 오만상으로 얼굴을 바꿀 때마다 내 표정도 덩달아 바뀌었다. 손가락과 발끝은 물론 이마에 흩어지는 머리카락까지도 몸의 관절과 연결된

듯 팽팽했다. 구경꾼들이 키득거리는 동안 나는 이상하리만치 진실로 슬펐다. 그 독특한 춤은 어린 가슴에 화인처럼 찍혀서 예쁘게 화장하고 튀튀나 입고 깜찍한 발롱이나 하는 현대무용은 시시해졌다.

몇 년 뒤 제대로 된 곱사춤을 딱 한 번 더 보았다. 부산 당감동 화장막 앞에서였다. 십 년을 병상에 계시던 아버지가 마지막 날에는 불구덩이 속에 누우셨다. 부지깽이를 든 불꾼이 아궁이 앞에서 소주병을 들고 몸을 흔들었다. 나는 불꽃이 덥석 관을 삼키고 육신을 사그라지게 하는 광경을 꼼짝하지 않고 지켜보았다. 천 원짜리를 한 다발 쥐고 앉아서 불꾼의 부지깽이가 아버지를 휘휘 저을 때마다 그에게 몇 장씩 건넸다. 그러면 시체를 뒤집지 아니하고 얌전히 불티를 다독거려 주었다. 그는 시종 술병 나발을 불면서 산 자와 죽은 자의 경계 같은 푸른 얼굴로 허리를 꺾어대며 느린 춤을 추었다. 누군들 죽음의 허무 앞에 서면 어찌 맨정신일 수 있으랴. 그것은 온몸으로 바치는 불꾼의 진혼춤이었다.

탭댄스는 누구나 출 수 있지만 모두가 조화롭게 어울려야 한다. 탭의 군무에 환호를 보내는 까닭도 다이내믹

한 박자를 맞춰 내는 완벽한 하모니 때문이다. 수필의 제재와 주제와 단락이 한데 어우러진 것과 같은 이치이다. 탭은 힘을 빼는 것으로부터 출발한다. 부드러움과 밸런스가 중요하다. 수필 쓰기 역시 허세를 벗고 자기 내면에 집중해야만 문장이 풀리게 되어 있다. 같은 동작이라도 탭꾼마다 선과 느낌이 다르다. 마치 자신만의 문채文彩로 빛나는 수필 작가처럼. 춤이 잘되지 않으면 거듭 시도하고 틀리면 고치고 또 고쳐 나간다. 춤의 퇴고다. 한 편의 안무가 완성되고 한 편의 수필이 쓰여질 때 전신에 소리가 돌고 온몸에 글물이 든다. 관객과 독자에게까지 리듬이 흐르게 된다.

예술지상주의자였던 가와바타 야스나리조차 춤은 보이는 음악이며 육체로 쓰는 시라고 명명했다. 그에게 춤이 영감의 창이 되듯 나에게 춤도 내 쓸쓸한 삶의 위안이 된다. 언젠가 탭꾼들의 연습실에 들렀다가 그들이 뿜어내는 역동적 에너지에 매료되었다. 무용수들은 오로지 춤만 추고 있었다. 몸짓으로 말을 걸고 동작으로 답할 뿐. 바닥을 치는 구둣발의 쇠징 소리만이 천장을 뚫고 사방으로 흩어졌다. 쩌릿한 전선에 감긴 듯 전율이 일어 꼼짝할 수 없었다. 공옥진의 춤과 불꾼의 춤이 탭 소리와 포개졌다. 온몸으로 추는 춤. 그것이 내가 탭슈즈를 신게 된 이유이기도 하다.

문학과 춤은 한 뿌리를 가진 나무라고 믿는다. 춤이 감정을 뛰어넘는 몸의 언어라면 수필은 몸을 뛰어넘는 정신의 언어이다. 나는 유목민들의 발춤 같은 자유로운 탭댄스가 좋다. 그동안 두 번의 공연 무대에 올랐다. 자신이 할 수 없다고 생각하는 것에 도전하는 행위. 그것을 극복하는 일만큼 멋진 일이 있을까.

뮤지컬이 절정으로 치닫는다. 브로드웨이 댄서를 꿈꾸는 시골 소녀 페기는 오디션 기회를 놓치고 코러스 걸로 시작한다. 처음에는 무대 위의 한 점에 불과했으나 열정과 노력으로 마침내 여주인공 자리를 꿰차게 된다. 얼마 전 들었던 어느 무용수의 인터뷰를 잊지 못한다. "나는 새벽 4시에 집에서 출발을 했어요. 한 시간 거리의 연습장에 와서 5시부터 연습을 시작했어요. 처음 들어왔는데 '잘하네'라는 이 한마디 듣고 싶어서 새벽부터 밤 9시까지 몰래 울면서 연습했어요"라는. 그 무용수가 진정으로 칭찬 듣고 싶은 자는 누구인가. 수필가는 누구를 위해 글을 써야

하는가.

  우리는 각자 자신의 춤을 추어야 한다. 음악이 없어도 음악을 만들어내는 탭댄서처럼 없는 길도 스스로 만들어 가는 자가 수필가이다. 열정의 몸에 춤의 무늬가 새겨지듯 작가의 운명을 받드는 자에게 글의 문양이 돋게 되는 것이다.

◀작품 평설▶

예술 창작은 자기표현이다

 이 작품은 탭댄스를 통해 육체의 언어로서의 춤과 정신의 언어로서의 수필을 대비하여 수필 쓰기의 본질을 탐구한다. 춤과 수필을 병치하여 수필 창작의 의의를 성찰하고 있는 점은 메타수필의 특징적인 모습이다. 탭댄스의 반복 훈련, 균형, 즉흥성을 수필 창작의 퇴고, 구성, 창조성과 대응시킴으로써 작가 자신이 창작 과정에서 어떤 태도를 지니는지를 드러낸다. 이 작품은 수필의 본질을 직접 설명하기보다 춤이라는 구체적 예술 형식을 비유로 삼아 형상화한다. 몸의 언어로서의 춤과 정신의 언어로서의 수필이라는 대비는 추상적인 창작 방법을 감각적으로 전달하여, 독자가 예술의 표현 구조를 통합적으로 이해하게 한다. 나아가 '음악 없이도 음악을 만드는' 탭처럼 글쓰기 또한 길 없는 곳에 길을 내는 자기 개척의 행위임을 말한다. '자신의 춤을 추어라'는 명령형 메시지로 창작 주체의 개성적인 미학을 선언하고 있는 이 작품은 **글쓰기와 예술 창작의 근원적 속성을 춤이라는 은유를 통해 입체적으로 드러내고 있다.**

적는 자가 살아남는다

김향남

　어떤 분이 수필집 한 권을 보내왔다. 워낙 글쓰기를 좋아했지만 먹고 사느라고 엄두도 못 내다가 은퇴 후에야 비로소 꿈을 이루었노라고 했다. 벌써 세 번째 책이라니, 좋아한다고만 될 일은 아니었다. 그는 '둔필승총鈍筆勝聰', 둔한 붓이 총명한 머리보다 낫다는 말을 스승 삼아 날마다 습관처럼 쓴다고 했다. 무엇이든 적어두지 않으면 잊게 마련이니, '적자생존(적는 자가 살아남는다)'의 원리를 누구보다 깊이 깨우친 것이리라.

　그의 이야기는 옹기종기 모여앉은 형제들 같다. 크고 작은 섬들이 모여 이룬 다도해 같기도 하다. 이런저런 이야기가 모여서 두툼한 한 권의 역사가 되었다. 내용물은 수수하고 담박하다. 거칠고 투박하게도 느껴진다. 형식에 얽매이지도 않고 기교도 없다. 언어적 수사에 골몰하거나 구태여 의미화하려고도 하지 않는다. 가공품이라기보다 자연산에 가깝다. 화려하고 장식적인 것보다 소박하고 솔직한 것을 선호하는 듯하다. 깔끔하게 정돈되었다기보다 덜렁덜렁 치워놓은 편안한 거실 같다. 자랑도 자만도 없다. 잘잘못을 가리는 냉철한 잣대보다 긍정하고 화합하는 쪽이다. 천천히 조심조심 걷는다기보다 성큼성큼 활보하기를 즐긴다고 할까.

사실 나는 그분과 일면식도 없는 사이지만 책 한 권을 읽고 나니 오랜 친구라도 된 듯 친밀감이 느껴진다. 그의 가족, 일상, 취미, 좋아하는 것, 싫어하는 것이 뭔지 다 알 듯하다. 그가 얼마나 손자들을 사랑하는지, 아내에 대한 속마음은 어떠한지, 친구들 여행 바둑 붓글씨 수영, 그리고 왜 그렇게 열심히 글을 쓰는가에 대해서도 웬만큼 알 것 같다. 일대일의 긴 대화를 나눈 듯, 읽기 전과 읽기 후가 이렇게 다르다니…

수필이라는 장르는 확실히 존재의 고유함을 보여주는 가장 적합한 양식임이 분명하다. 한 존재의 일상과 그 세계를 정치하게 다루는 것이 수필이라고 한다면, 거기에 담기는 건 그 자신의 고유한 삶이 아니겠나. 태어나고 죽는 것은 삶의 벗어날 수 없는 형식이며 각각의 삶 또한 크게 다르지 않지만, 한 권의 수필집 속에 들어 있는 존재의 행적을 따라가다 보면 그만의 고유함을 발견하게 된다. 그 같고 다름을 발견하는 일은 의외의 기쁨을 준다. 낯설고 신선해서 좋고, 비슷해서 또 달라서 좋다. 은근히 연대감을 느끼게 되는 것도 피할 수 없는 기쁨이다.

한 권의 수필집은 필부필부의 삶도 소중하고 아름답다는 것을 보여준다. 높은 지위에 올라 권력을 휘두르고 큰 빗돌에 이름을 새겨야만 그 이름이 전해지는 것이 아니라, 소박하고 평범해도, 작고 보잘것없어도 모두의 삶은 소중하고 아름다운 것임을 일깨워 준다. 힘센 자만 살아남는 것이 아니라 적는 자가 살아남고 꾸준해야 살아남는다는 것을 일러 주기도 한다.

역사는 기록하는 자의 것이라고 했던가. 그는 스스로 자신의 역사를 기록한다. 역사는 나라와 민족에게만 있는 것이 아니라 필부필부 장삼이사들에게도 똑같이 있으므로. 자신에게도 선조로부터 물려받은 내력과 제 삶의 이야기와 그리고 그것을 들려 줄 후손이 있으므로. 그러나 기록이 아니면 그 어느 역사도 알 길이 없다. 하찮다 여길 개인의 역사도, 거대한 국가의 역사도 모두 기록에 의해 남는다. 기억은 곧잘 사라지거나 왜곡될 수 있지만, 기록은 기억을 도울 뿐 아니라 더 오래 생생하게 기억하게 해준다.

할아버지로서 그는 훗날의 독자들을 염두에 두고 글을 쓴다. 아직 어린 독자들이지만 머지않아 가장 친애하는 독자가 되어줄 것을 믿는다. 그걸 생각하면 글쓰기만큼 설레는 일도 없다. 그런 점에서 그는 연결하는 사람이다. 보이는 것과 보이지 않는 것, 과거와 현재와 미래, 지금 사람과 다음 사람, 나와 너를 연결하는 가장 분명한 도구는 기록이라는 것을 아는 사람이다. 이 기록물을 통해서도 그는 먼 후대에까지 연결될 수 있으며, 자신이 경험한 바를 다시 돌아볼 수 있고, 더불어 나누고 소통할 수 있게 될 것이다.

자신의 이야기를 스스로 기록하는 동안, 그는 때때로 닥치는 혼돈과 불안과 무의미를 넘어서기도 할 것이며, 흐트러진 생각들을 가지런히 꿰어내기도 할 것이다. 새로운 자아를 발견하고 자신을 객관적으로 바라볼 수 있으며, 원하는 삶을 설계할 수 있을 것이다. 인생을 두 번 사는 놀라운 경험도 해보게 될 것이며, 세상을 건너가는 지혜도 얻게 될 것이다. 이 모두가 '씀'으로써 일어나는, 기록의 쓸모가 아니겠나.

｢작품 평설｣

수필, 존재와 일상의 기록

　기록과 글쓰기에 대한 자전적 성찰을 토대로 수필의 본질과 창작 태도를 말하는 작품이다. 이 작품의 메타수필로서 특징을 세 가지로 분석해 본다. 첫째, 작가는 한 지인의 꾸준한 기록 습관을 제시하면서 글쓰기가 망각에 맞서고 존재를 증명하는 행위임을 드러낸다. 이를 통해 글쓰기가 왜 지속되어야 하는지, 무엇이 그것을 가능하게 하는지에 대한 내면의 이유를 독자와 공유한다. 둘째, 작품 속에서 작가는 한 개인의 소박한 일상과 가족사, 취미, 정서가 모여 한 권의 수필집이 되는 과정을 '다도해', '자연산'에 비유하며, 화려한 기교보다 진솔함과 고유성이 수필의 핵심 가치임을 강조한다. 셋째, 작가는 기록이 개인의 기억을 보존하는 것을 넘어 과거 – 현재 – 미래를 잇는 연결망이 된다고 본다. 이는 후손과의 소통, 자아의 객관화, 혼돈과 불안을 극복하는 자기 치유의 과정으로 이어진다. **기록은 세상을 해석하고 삶을 재구성하는 도구이며,** 이를 통해 인간은 '인생을 두 번 사는 경험'을 할 수 있다는 점을 설득력 있게 제시한다.

난타

노혜숙

　나는 이중인격자다. 아니, 다중 인격자다. 상황에 따라 여러 모양의 나를 연출한다. 거의 자동적으로 이루어지지만 간혹 의식적인 경우도 있다. 사람들은 그것을 사회적 페르소나라 부르기도 한다. 때론 여러 모양의 내가 한 무대에 서서 난타전을 벌인다. 낯설고 당혹스럽지만 그 모두 나라는 걸 인정하지 않을 수 없다. 어떤 색깔이 진짜 나라고 딱 꼬집어 단정하기는 어렵다. 한 가지는 분명하다. 그 모든 얼굴들 저변에 욕망의 질펀함과 고투가 깔려 있다는 것. 어느 날 난타전이 벌어진 내 마음속 상상 무대의 한 장면을 공개한다.

센딜: 며칠 전 문文의 왕국王國에 난 기사를 보았소. '도토리 키 재기' 시상식에 관한 내용이었소. 누가 봐도 편파적인 심사라는 생각이 들었을 거요. 그걸 가리느라 프로필로 기름칠한 흔적이 역력했소. 내용보다 포장지를 화려하게 꾸미는 건 착시효과의 전형적인 수법 아니오? 주최 측과 모종의 이해 관계가 얽혀 있다는 소문이 틀리지 않은 것 같소. 상의 권위는 공정성을 담보로 하는 것 아니겠소. 그렇지 않다면 누가 게임을 하려고 들 것이며 그 상을 신뢰하겠소. 하, 어쩌면 게임의 형식은 들러리고 수상자는 이미 내정돼 있다고 보는 게 맞을지 모르겠소. 하기야 그런 일이 이 바닥에만 있겠소. 헌데 아무도 이의를 달지 않으니 참 이상한 일이오.

무명작가: 간판 덕이든 뭐든 결과가 중요한 것 아니오? 그도 능력이라면 능력일 것이오. 사람들은 과정을 중요하게 생각하지 않소. 나는 부럽소. 까뒤집어 보면 알맹이 없는 허명일지언정 그거 하나 얻자고 발바닥 불나게 뛰어다니는 인간들이 수두룩하오. 솔직히 말해 인간은 인정받기 위해 사는 거 아니오? 아닌 사람 손들어 보시오. 문

의 왕국 백성치고 상에 목 안 매는 사람이 누구요? 금도 금 메달이라도 주기만 한다면 목에 걸고 다니고 싶은 심정이오. 세상은 가난한 문사에게 그런 행운을 허락하지 않겠지만 말이오.

나폴레오: 무명작가 님이 뭘 좀 아시는군. 솔직해서 좋아! 현실을 똑바로 읽을 줄 알아야 한다니까. 문의 왕국도 사람 사는 세상이야. 기왕이면 다홍치마지, 안 그래? 수준이라고 해봐야 그야말로 도토리 키 재기 정도인데 내 필요에 맞는 사람 주는 게 인지상정 아닌가? 게다가 심심찮게 술에 밥에 달달한 아첨까지, 누가 그걸 마다하겠나. 문의 왕국 통치자들이야말로 누구보다 머니에 동물적 감각을 지닌 자들이야. 자신의 욕망을 극단까지 추구하는 야심가들이지. 봐, 동물농장의 나폴레옹이 돼지에서 인간으로 격상하게 된 것도 돈의 힘이었다고. 그는 당근과 채찍을 적절하게 사용할 줄 아는 수완가였지. 헤밍웨이가 그랬던가. "인간은 파괴될지언정 패배하지 않는다"고. 하지만 니체는 이런 말을 했지. '인간을 움직이는 두 축은 권력의지와 쾌락'이라고. 현실은 누구 편인가? 판단하기 어렵지 않

을 걸세. 그리고 사회적 관성은 생각보다 훨씬 견고한 법이어서 사람들은 변화보다 안정을 더 원할 걸세. 섣불리 윤리 도덕의 잣대로 '도토리 키 재기' 시상식을 바라보지 말게. 그건 그대 권한 밖의 일이네.

아이히마: 나폴레오의 말에 동의하오. 나는 흘러가는 대로 사는 게 편하오. 아랫물이 어찌 윗물을 거스를 수 있겠소. 그저 시키는 대로 순응하며 사는 길이 나로선 최선이오. 물론 가끔 회의가 들기도 하오만 섣불리 반기를 들었다 그 뒷감당은 어찌한단 말이오. 시키는 대로 한 것이니 내 책임은 아니오. 스탠리 밀그램 박사의 실험이 암시하듯 인간은 상황적 존재요. 누구라도 상황이 주어지면 아첨꾼이 되고 나처럼 살인자도 될 수 있단 말이오. 극소수 예외인 경우도 있다고 합디다만 난 믿지 않소. 그럴진대 어우렁더우렁 가진 돈, 있는 재주 부려서 상을 탔다고 한들 무슨 허물이겠소. 그 덕분에 문의 왕국이 매끄럽게 굴러가고 번성할 수 있다면 말이오. 어차피 세상은 완벽하지 않소. 아니, 인간 자체가 그리 생겨먹었다고 해야 하나. 게다가 내 도토리가 상대보다 낫다고 확신할 수 있는 자

누구요. 살면서 개혁주의자들 여럿 보았으나 삶이 평탄치 못했소. 살아남는 게 생물의 절대명제라면 무슨 짓인들 못하겠소. 인간의 이름으로 요구하는 온갖 도덕은 내 알 바 아니오. 그 도덕이 옳다고 누가 확신할 수 있단 말이오. 정의의 외침은 화려한 수사일 뿐 지금은 유일신 머니가 행세하는 세상이 되었소. 난 아주 성실한 순응주의자로 사는 쪽을 선호하오.

쇼펜하우어: 고뇌는 개별적인 것이므로 비교할 수 없겠소만, 아무리 생각해도 죽고 사는 일만큼 막중한 사안은 아니지 싶소. 하루에도 기아로 죽어가는 아이들이 수백에 이르고 젊은이들의 자살이 치솟는 판에 문학은 해서 무엇에 쓰겠다는 것이오. 쥐뿔만 한 제 자랑 아니면 얄팍한 감상이나 주절주절 늘어놓는 '도토리 키 재기' 놀음을 누가 알아준다고. 내 눈엔 문학에 대한 고민은 해 본 적도 없는 어중이떠중이가 뒤섞인 난장판으로 보이오. 제법 쓸 만한 도토리도 몇 있는 것 같지만 그래봤자 그들만의 잔치에 지나지 않더구먼. 그런 판에 문학이란 명패를 갖다 붙여도 될지 의문이오. 차라리 다 때려치우는 건 어떻소!

얼치기 철학자: 하늘을 나는 새는 온몸으로 바람을 맞으면서도 바람을 탓하지 않소이다. 오히려 제 뼈를 비워 바람을 희롱하듯 유연하게 활공하지 않소. 새가 왜 바람 부는 날 집을 짓는지 아시오? 그래야 악천후에도 끄떡없는 둥지를 지을 수 있기 때문이라오. 흐름을 타되 중심을 잃지 않는 결기가 필요하오. 그건 타협과는 다르오. 현실을 관통해 나가는 용기와 슬기라 해야 할 것이오. 처한 곳이 어디든 다 제 할 탓이란 말이외다. 물론 윗물 차원에서 개선해야 할 문제가 있다는 것도 인정하오. 그러나 제사보다 젯밥에 관심이 많은 작가들도 문제요. 먼저 흙탕물에서 불순물을 걸러내는 장치, 내공을 자기 안에 키우시오. 그것도 도토리냐고 손가락질 받지 않으려면 말이오. 이제 숲 안을 샅샅이 보았다면 숲 밖으로 나가 큰 그림을 보시오. 휘어진 나무라고, 나와 다른 색깔을 가졌다고 모두 잘라내야 한다면 어찌 숲이 이루어지겠소. 좋아서 하는 일이거든 결과에 연연치 마시오. 진짜 문文의 힘은 그런 데서 나오는 게 아니겠소. 그 힘을 가진 자만이 어둠을 뚫고 저 밝은 세상으로 비상할 수 있을 것이오.

얼치기 철학자의 생각은 그럴듯했으나 모두가 동의한 것은 아니었다. 나는 어떻게 이 공연을 마무리할 것인지 헷갈렸다. 결국 난타 공연은 특별한 결론 없이 막을 내렸다. 어쩌면 이 공연은 인생이 그렇듯 내가 문의 왕국 백성으로 살아가는 동안 반복될 일상인지 모른다는 생각이 들었다. 판단을 유보한 채 상상 무대의 막을 내렸다.

* 각 등장인물은 현실 인물의 이름을 따와 패러디한 것으로 내 안의 서로 다른 자아 상징.
센딜:《정의란 무엇인가》의 저자 마이클 센델
나폴레오: 조지오웰의 소설〈동물농장〉에 나오는 나폴레옹
아이히마: 시키는 대로 했을 뿐이라고 변명한 '예루살렘의 아이히만'
쇼펜하우아: 독일의 염세 철학자 쇼펜하우어

◀작품 평설▶

내면의 자아가 벌이는 비판적 난타

 이 수필은 내면의 다양한 자아가 벌이는 논쟁을 통해 문학계의 권력 구조와 욕망을 비판적으로 성찰한 작품이다. '문의 왕국'이라는 상징적 무대에서 다중 인격들이 문학상 제도의 부조리, 문학의 가치, 현실 대응 태도에 대해 논쟁하는 형식이다. 메타수필로서 첫째, 창작과 문학 현실에 대한 자기 성찰이 두드러진다. 문학상 제도의 부조리와 문단의 관행을 풍자하면서, 문학을 왜 하고 어떻게 해야 하는지에 대한 내면의 갈등과 고민을 다층적으로 드러낸다. 둘째, 다성적 구성과 극화된 대화를 통해 추상적 논의를 구체적 장면으로 형상화한다. 셋째, 개방형 구조를 취하여 결론을 독자의 판단을 맡겨 문학과 삶에 대한 사유를 지속적으로 자극하는 효과를 얻는다. 진정한 문학적 가치는 외부의 인정이나 상이 아니라 자신의 내면적 결기와 힘에서 비롯된다는 점을 강조한다. 이 글은 문학계의 구조적 문제를 자기반성적으로 탐구하면서 다양한 철학적, 윤리적 인물을 패러디하고 있다는 점이 특이하다.

아무것도 아닌

문경희

 간만에 순수한 독자로서의 열의를 꺼내보는 참이라 할까. 매달 스무 편 남짓의 수필을 의무적으로 읽고 있다. 연말의 본심을 위한 예심을 맡고부터다. 의무라는 단어가 구속력을 전제하지만 어디까지나 자의로 응한 일이니 이제 와서 쓰다 달다 할 수는 없다. 약간의 선택 장애까지 있는 내게 적지 않은 신작 원고는 한 달 이내에 갚아야 할 빚처럼 부담스럽다. 그러나 한편으론 재미있는 작업이다.
 목차를 펼치니 필자들의 이름이 명기되어 있다. 이름만 낯익은 이, 이름조차 생소한 이, 그중에 이름과 얼굴이 줄긋기 되는 이는 S선생뿐이다. 이럴 때면 모른다는 사실이 든든한 지원군이다. 안다는 이유로 나도 모르게 공연한 헛점수가 가미되지는 않을까 소심해질 필요가 없어서다. 글로만 글을 해찰하는 데 거리낌이 없어도 좋다는 뜻이다.

 우선은 제목만 훑는다. 문패처럼 내걸린 몇 글자를 두고 소담한 기와집인지, 열두 대문의 대가인지를 점쳐 보는 일도 흥미롭다. 대개는 그중에서 퍼뜩 눈이 가는 제목이 몇씩은 꼭 있다. 내용을 알 수는 없으나 작명의 솜씨가 기가 막히는 사람들이라 감탄사를 쏟아내게 된다.

 목차대로 읽었다가 역으로 읽었다가, 작품만 읽었다가 말미에 기재된 작가의 경륜을 보고 읽었다가… 대개 글로 주리가 틀릴 때까지 씨름을 하는 편이다. 그래도 답을 얻을 수 없을 때면 한동안 과감하게 책을 덮어둔다. 무시로 입을 헹구는 와인 소믈리에처럼, 글에 대한 이전의 느낌이 미치지 못하도록 시간을 둔 채 다시 처음처럼 글을 펼치는 작업이다. 내 것도 아닌데 왜 이리 연연하는가 싶지만, 내 것이 아니기에 더더욱 소홀할 수가 없다. 행여 나의 오독이나 건성으로 타인에게 누를 끼쳐서는 안 될 일이므로.

 글 속에는 작가만의 생애가 단편적으로 실린다. 수필

이라는 장르가 진솔을 전제로 하고, 작가가 그에 충실히 붓을 움직였다면 한 편의 수필은 분명 그가 살아온 궤적일 게다. 대부분의 경우, 글 속의 그들은 순수하고 반듯하다. 범사에 감사하고 분에 넘치는 것을 꿈꾸지 않는다. 극히 이성적이고 합리적이며 남을 시기하거나 해악을 끼치는 일 같은 건 하지 않는다. 타인의 악의에 무력하게 당하는 것도 글의 주인이다. 게다가 글의 말미에서는 쥔 것 없는 형편에도 주저 없이 내어주는 무소유의 끝판왕으로 등극을 한다. 진선미의 결정체요, 그러므로 성인군자의 반열에 이름을 올려도 무방할 정도다. 세상에 수필가만 산다면 그야말로 유토피아일 것 같다. 글과 주인이 유리되지만 않는다면 말이다.

  수필을 쓰기 시작한 지 얼마 지나지 않아 나를 회의에 빠지게 만들었던 화두가 바로 글과 사람이 만들어내는 이중구조였다. 수필적인 삶을 강조하며 내게 수필을 교수했던 이마저 글과 행동의 언어를 달리한다는 사실을 목격하면서부터는 수필의 매력이 반감되기 시작했다. 차라리 픽션이 전제되는 소설이나, 두 발을 땅에 붙이고 있지 않아도 성립하는 시를 기웃거려 볼까 망설이기도 했다.

어영부영 다시 붓을 잡았지만 뾰족한 답을 얻은 건 아니었다. 어쩌면 답은 글의 밖에 있는 것이 아닐지도 모른다며 쓰고 또 썼다. 불행하게도, 내 글 속에도 내가 미처 가닿지 못하는 도덕성이 있었고, 순수가 있다는 것을 이따금 발견하게 되었다. 내 안의 내가 시키는 대로 걷다 보니 다다르게 되는 곳이었다. 100% 진솔만은 아니나, 그렇다고 해서 추호도 거짓은 아니었던 글의 방언들. 그 출처는 분명 나였다. 그나마 와중에도 당당할 수 있었던 것은 몇 번을 되짚어도 글의 순간만은 결단코 내가 그러했노라는 사실이었다.

내가 내 글의 주인이 되기 위해서는 글과 나의 거리를 좁히는 게 관건일 터였다. 내가 먼저이든, 글이 먼저이든, 서로 선한 영향력을 주고받을 수 있는 최선책은 하나가 되는 일일 테니까. 쉽지는 않겠지만, 그렇게 교통정리를 하고나니 신간이 조금은 편해졌다. 그리곤 앞서거니 뒤서거니, 글과 나는 제법 그럴듯하게 보폭을 맞추며 이인삼각으로 세상을 걷는가 싶었다. 그 일이 있기 전까지.

글 때문에 스스로를 난도질하는 이를 만나게 되었다.

명품으로 치장을 한 유한마담처럼, 글로 안하무인이 된 그의 '썰'을 들어주느라 고역스런 시간을 보내야만 했다. '장' 붙은 직함이 빼곡히 인쇄된, 그렇고 그런 명함 한 장을 건네받는 듯한 기분이었다. 대체 그에게 글이 무엇인지. 나는 그가 읊어대는 자칭 '대단한 글' 대신에 그의 바닥을 읽고 말았다.

밥을 먹고 사람을 만나고 나를 나로 세우는 일련의 삶 속에 분명 글이 필요충분조건은 아니다. 없어도 어쩔 수 없지만 있음으로 해서 더 윤택해지는, 그것이 현실적인 글의 지분일진대. 글이 주는 반대급부가 얼마나 큰 것이었는지는 모르나 자신의 얄팍함이 드러나는지도 모르고 열을 올리는 그를 이해할 수 없었다. 행여 내 안에도 내가 모르는 내가 있어 서푼 어치 글을 두고 팔자걸음으로 거들먹거렸던 것은 아닌지 좌불안석하는 마음이었다. 글과의 관계정립을 다시 하기로 마음먹었던 이유다.

돌아보면, 글쟁이라는 호칭에 들떠 어영부영 몇 년을 흘려보냈고, 나와 나 사이의 극간에 사로잡혀 다시 몇 년을 놓쳤다. 소나기 같은 글을 쓰다가, 어느 순간 매지구름을 이고 앉은 듯 끙끙거리기도 했다. 글보다 이름 석 자를 앞

세우고 싶은 치기도 부려보았고, 그런 내가 가소로워 붓을 놓았던 한동안도 있었다.

아무것도 아닌 것에 목을 매는 사람은 없다. 목을 매지 않는다는 것은 그것으로부터 자유라는 말이다. 내게 글이 그래야 한다고, 먼지처럼 풀썩거리는 마음에 찬물을 끼얹는 내 안의 어떤 나. 아니, 내 안의, 내가 아닐지도 모르는 나.

거품처럼 부글거리는 욕심과 욕망을 걷어내는 방책은 글을 가차 없이 평가절하하는 것이었다. 거짓과 위선과 시기와 질투가 난무하는 세상에 편승하며 글로 인해 나를 훼손하거나 훼손당하고 싶지 않았다. 오로지 나를 되새기자는 첫 마음, 그것이 글의 영역이었음을 기억해 냈다. 비록 세태에 휘둘리며 살지라도 글에 대한 의리만은 지키고 싶었다.

삶은 글이 될 수 있지만, 글은 삶이 될 수는 없다는 결단도 그 즈음에 내렸다. 글에서 존재의 의미를 찾으려 애면글면했던 시간을 벗어놓기로 했다. 글로 명예를 얻거나 감투를 걸치거나, 나보다 더 나은 나를 전시하려는 치기도 내려놓았다. 그 모든 것들은 최선의 대가로 자연스레 주어지거나 영원히 내 몫이 아니어도 무방한 것이라 갈무리를 했다. 스무 해가 가깝도록 내가 스스로의 해갈을 넘어서지 못하는 글을 생산할 수밖에 없는 이유다.

내게 글은 거창한 무엇이 아니어도 괜찮다. 나를 뜨겁게 쏟아냈다는 사실만이 중요할 뿐이다. 글이 삶의 전부라거나 쓰지 않고는 살 수 없다는 고백으로 나를 붙들어 매지도 않을 작정이다. 문학에 대한 이바지는 능력자들에게 미루고, 어느 응달진 자리에서 나를 끼적거리는 일은 내게 바치는 나의 헌사일 뿐이다.

쓰지 않음의 평안을 불편으로 뒤바꾸며 글은 나를 조련하고, 감히 아무것도 아닌 것으로 치부하며 나는 글을 조련한다. 그 타협점에서 내 글이 연명을 한다 하여도 조급증이 나지는 않는다. 참 다행이다.

❰작품 평설❱

글쓰기, 이상적 자아와의 만남

 이 작품은 글쓰기와 수필 장르의 본성에 대한 성찰을 담은 메타수필이다. 작가는 수필이 진솔함을 지향하지만, 실제로는 글과 삶 사이에 괴리가 있음을 지적한다. 글 속에서 수필가는 순수하고 이상적인 인간으로 묘사되나 현실의 삶은 글과 다른 이중적 구조를 드러낸다는 것이다. 심지어 수필을 가르치는 사람조차 행동과 글이 일치하지 않아 저자는 수필의 진정성에 대해 회의하기도 한다. 그러나 글쓰기를 계속하면서 자신 역시 글 속에서 비로소 나타나는 이상적 자아와 만나게 된다. 글이 완벽한 진실은 아니지만 그 순간만큼은 자신이 그러했음을 인정하고, 글과 삶의 거리를 좁히려고 노력한다. 저자는 글을 통한 명예나 인정의 욕망을 내려놓고, 글을 자기 자신에게 보내는 헌사로 받아들인다. **글은 삶의 전부가 아닌 자기 성찰과 자기 해방의 도구임을 강조한다.** 글과 건강한 거리두기를 통해 자기 자신과 삶의 본질에 다가가려는 저자의 태도는 수필 장르가 나아가야 할 바람직한 방향이라고 할 수 있다.

글 내시경

박순태

 수필 쓰기를 시작한 지 삼 년째 되는 해였다. 어느 광역단체가 주최한 '전국문예공모전'에서 수필 부문 대상을 받았다. 수상자가 되니 온 세상을 안은 듯 마음이 들떠 자랑을 늘어놓기에 바빴다. 그즈음 우뚝한 문인으로부터 자기 사무실에 들러 달라는 연락이 왔다. 정말 내가 유명해진 것인가.
 다음날 그분을 찾아갔다. 당선작에 대해 이런저런 칭찬과 함께 수필 창작과 관련하여 덕담도 해주었다. 그냥 의례적인 격려에 지나지 않은 말이었건만 그것이 진담으로 느껴졌다. 그것도 잠깐, 그는 한마디를 덧붙였다. 공모전 당선은 작가로 나아가기 위한 하나의 과정에 불과할 뿐이라고 했다. 어조가 냉랭해서 떨떠름하게 들렸다. 그러면서 식지 않는 열정으로 작가정신을 연마하라며 선물 꾸러미를 내밀었다. 책 두 권이었다.

어설픈 당선작을 감상하고 그분은 한동안 고심했으리라. 말로써 표현하기 곤란해 격조 높은 작품집을 통하여 에둘러 조언을 하지 않았나 싶다. 이문구의 소설집 《관촌수필》과 김용준의 수필집 《근원수필》이었다. 두 분의 작가가 펼쳐낸 작법과 문장은 문학이란 산을 오르는 가파른 등산로처럼 여겨졌다. 그럴수록 그 문인의 조언은 흉중을 깊이 파고들었다.

수년이 지나고 나서야 비로소 수상작의 실상이 제대로 보이기 시작했다. 작품 내용은 초등학교 3학년 때 할아버지 나뭇짐에 깔려 척추장애인이 된 삼촌을 거미의 방적돌기에 비유했던 게다. 시련을 이겨냈다는 개인사를 규격화한 구성으로 방정식 문제 풀어내듯 접근했다. 문장은 비단도, 무명도 아닌, 인조견과는 더더욱 거리가 먼 삼베와도 같았다. 이를테면 가족 중 한 사람의 일생을 풀어낸 신변잡기에 불과했다. 애잔한 사연을 가슴 아픈 곡조로 읊어 독자의 눈물샘을 자극하려 들었기에 얄팍하고 허술하기만 했다. 기구한 운명을 묵묵히 이겨낸 주인공의 미담이긴 하지만, 사고와 논리가 빈약한 채 한낱 감정에 널뛴 격이었다. 다른 작품도 집안사람들의 생활상에 그쳤으니 그 나물에 그 밥이었다. 글을 읽는 눈이 조금 깊어지면서 가벼운 기법과 허술한 문장으론 작가의 수명을 이어갈 수 없음을 알았다.

젖먹이는 내장 발육이 우선이다. 젖 뗀 후에는 암죽과 이유식을 먹고, 조금 성장하면 밥숟갈에 간 맞춘 음식을 넘긴다. 소화기의 성장에 따라 먹을거리를 차츰차츰 높여 나간다. 작가가 쓰는 글도 이와 다르지 않을 것이다. 아기 같은 초보 작가로서는 활성화된 내장의 글을 짓기 어려운 게 당연지사이리라.

글의 걸음마 단계를 뛰어넘기 위해 발버둥쳤다. 공모전 응모 위주의 습작 지도를 받아보았다. 객관식 문제 풀이식으로 습득했으니 글쓰기는 다람쥐 쳇바퀴 틀을 벗어나지 못했다. 신변잡기의 단순성을 벗어나려면 기계적인 작법이 아니라, 훌륭한 지도를 바탕으로 스스로 깨달아 나아가야 함을 터득하게 되었다.

어느덧 다섯 해가 지났다. 선물 받은 책을 조금이나마

소화하는 단계에 접어들었다. 작품에 담긴 작가의 이상과 사상이 전해지는 감을 서서히 받았다. 영양분이 풍부한 맛깔스러운 요리를 접한 듯 뚜렷한 주제가 감성을 자극했다. 행간에서는 소화 효소를 뿜어내는 소리가 들려오는 듯했다. 체험에 성찰을 얹은 인식 과정이라 믿었다. 아싹하게 씹어 넘긴 배춧잎과 후드득 후드득 삼킨 얼큰한 매운탕도 거뜬히 받아들이는 내장으로 서서히 발육되듯, 글 내장도 그러한 절차를 밟아야 함을 알았다.

책장에 마음을 심는 시간이 많아졌다. 독서가 여가 활용 중심에 자리 잡도록 마음의 추를 내렸다. 건강에 이로운 음식은 입맛이 따라 주지 않아도 챙겨 먹어야 하듯, 글쓰기 기초를 다지려 문학 서적을 넘겼다. 질긴 음식은 질근질근 맛을 음미하고, 사탕같이 단단한 것은 서서히 녹여서 넘기듯 내용이 무겁고 생소한 부분은 밑줄을 그어놓고 사색의 현미경 눈으로 집중했다. 책 속에서 만난 신화新話에 심취되니 경험하지 않았던 무한한 상상력이 동원되고, 시공간을 넘나들면서 작가들이 던지는 메시지를 습득하니 그것이 간접경험으로 쌓였다.

왁자지껄 놀아났던 게 기억에서 지워질 과거사가 되었

다. 책과 어깨동무를 하니 지인들이 끼어들 틈이 좁아진다. 심오한 사유로 체화된 문장을 캐려고 혼자 산을 오르면서 명상의 호미질로 즐긴다. 마음 구석구석에 글로 사귄 벗들이 차례차례로 들어앉는다. 뒤따르는 물줄기가 앞선 물줄기의 자리를 차지하듯 마음도 흘러내리는 강인가 보다.

격조 높은 책갈피 한 장 한 장을 감상할 때마다 자신의 아우라를 담아내라는 죽비 소리를 듣는다. 뒤에서 '작가님' 하고 부르면 고개를 돌리는 이가 많은 요즈음이다. 글을 그림에 비유하자면, 복잡한 곳을 잘 묘사한다거나, 실물같이 그렸다거나, 수법이 훌륭하고 색채가 비상히 조화된 것 등의 구상은, 기껏 서화에서 표면적인 조건에 불과할 뿐이다. 그러기에 글도 태양과 같은 강렬한 빛을 발산하는 작품이라야 한다는 것을 비로소 알았다.

선물 받은 두 권의 책은 내겐 창작의 강을 건너기 위한 상앗대였다. 훌륭한 작품일지라도 내용을 모사하는 게 아니라, 나만의 것으로 만들어 독특한 목소리를 내야 한다는 것을 익혔다. 상투적이거나 낡은 기교는 흔한 골목길에 불과한 것이기에, 작가로 나아가기 위한 새길 닦기에 삽질을 다잡아야겠다. 문장은 아름다워 보여도 글 내장이 튼튼하지 않으면 깊은 감흥을 줄 수 없다는 것을 생각하니, 내 글에 내시경을 들이대어도 물러서지 않을 날이 오기나 할까.

 예술은 알아차리는 귀와 눈 앞에서만 제 모습을 드러낸다고 한다. 그 눈과 귀는 육체에 속한 것이 아니라 정신의 심층부에 있지 싶다. 튼실한 내장이 있는 글이면 남들이 알아주는가, 알아주지 않는가에 흔들리지 않을 것이다. 번드르르한 거죽을 덮어놓은 내 글을 두고서 혼자서 낙락했으니 이명증 환자와 다름없었다. 적절한 충고를 제대로 받아들이지 못했으니 어미에게 뜸베질하는 엇부루기의 멋모름이었다.

 공모전 당선작이 글 내장 검진을 받은 셈이다. 짐작건대, 소화 기관부터 다시 재생시켜야 한다는 진단이다. 과다 사용했거나 무리하게 다루어 기능이 상실된 게 아니라, 애당초 씨를 뿌리지 않은 묵정밭이었다는 판단이 선다. 글쓰기의 홀로서기, 질문에 질문을 더해 가면서 스스로 답을 찾으련다.

어느 작가는 "인생이 강물이라면 수필은 물결이다"라고 했다. 나는 오늘도 그 물결에 미학적 장치를 얹으려 발싸심이다.

【작품 평설】

글쓰기의 내공

 글쓰기 경험을 자기 성찰과 창작론으로 전환한 메타수필로, 세 가지 특징이 유기적으로 맞물려 있다. 먼저, 창작 과정의 자기 검증과 성찰이 중심에 있다. 공모전 수상 이후 자만과 한계를 솔직하게 드러내고, 이를 극복하기 위해 글을 '내시경'에 비유하며 자신의 작품을 해부, 점검하는 과정은 메타수필이 지향하는 창작 의식의 성찰을 잘 보여준다. 다음으로, 비유와 은유를 통한 창작 과정의 형상화가 두드러진다. 글의 완성 과정을 아기의 성장과 소화 기능의 발육에 빗대어 설명함으로써 추상적 글쓰기 훈련 과정을 감각적이고 구체적으로 전달한다. 이는 독자가 창작 원리를 직관적으로 이해하게 한다. 마지막으로, 독서와 체험을 통한 작가 성장 서사가 작품 전반을 지탱한다. 선배 작가의 조언과 명작 독서를 '상앗대'에 비유하며, 단순 경험담을 넘어 체험을 반추해 창작의 원리를 도출한다. 글쓰기에서 중요한 것은 기교를 넘어 내면의 경험과 사유를 소화하여 단단한 '글 내장'을 갖추는 것임을 말하고 있다.

노세쿠, 라세쿠, 드디어는 헤이마

성 민 희

 친구네 집에서 일어난 별난 사건을 소재로 글을 썼다. 미얀마에서 온 도우미 아가씨가 주인공이었다. 처음엔 그녀의 이름이 생각나지 않아 '제시카'라고 했다. 그런데 그 이름은 도통 도우미란 느낌이 나지 않았다. 할 수 없이 친구에게 전화를 걸었다. 노세쿠란다. 맞다. 노세쿠. 진짜 이름을 넣으니 그런대로 글의 분위기가 살아나는데 저녁에 친구가 전화를 걸어왔다. 도우미 이름이 왜 필요하냐고. 얼마 전에 꼬마들이 담벼락에 한 낙서를 노세쿠의 흑인 남자친구가 범인이라며 왁자지껄했던 이야기를 썼다고 했다. 펄쩍 뛰었다. 남편이 한인 사회에서 유명인이라 사람들이 자기네 집이란 걸 금세 알게 된다며 당장 그 이름을 지워 달란다.

할 수 없이 이름을 바꾸어야 한다. 분위기상 미국 이름은 안 되겠고 노세쿠는 이제 못 쓰고. 노세쿠에서 글자 하나만 살짝 바꾼 라세쿠로 하면 어떨까? 그런데 라세쿠로 바꿔놓고 봐도 슬며시 걱정이 된다. 수필은 이야기를 가설해 내는 소설과 달리 허구를 쓸 수가 없다. 엎치락뒤치락한 일상에 생명을 불어넣어 나와 내 자아, 내 자아와 타인의 자아 사이에 소통하는 진지한 글이 수필이 아니던가. 체험의 정직한 서사敍事에 사실이 아닌 것을 끼워넣었다가 그것이 밝혀지면 비록 아무 영향을 미치지 못하는 미미한 사실일지라도 글 전체가 거짓이 된다. 어느 수필가의 글을 읽은 적이 있다. 그는 봄이 느껴지는 이름의 가을 꽃을 봄에 피는 꽃으로 착각하고 봄동산에 활짝 피웠다가 독자에게 된통 혼났다고 했다. 수필은 어떤 예를 갖고 오던 검증할 수 있는 사실이어야 하고, 사실에 입각한 정확한 정보를 가져와야 한다며 그 수필가는 강력히 주장했다.

목성균은 〈나의 수필 쓰기〉라는 글에서 약간의 거짓말은 미덕이라고 했다. 본인의 수필 〈세한도〉에서 강 건너

사공집 앞에 실제로는 없었던 늙은 버드나무를 하나 세워 꿋꿋한 아버지의 모습을 연상하게 하고, 세배 드리러 가는 행색을 실감나게 표현하기 위해 평생 등짐 한 번 져보지 않은 아버지 등에 주루막을 지웠다. 그는 "보다 감동적인 문학적 조처를 위한 선의의 거짓말을 누가 나무랄 것인가"라고 반문했다. 그렇다. 객관적 사건을 다루는 글에는 이름이나 장소, 주변의 무대 장치를 살짝 바꾸는 사소한 변칙은 그리 문제되지 않는다. 그러나 개성적이거나 고백적인 글, 즉 지극히 개인적인 일상생활이나 체험을 되짚어서 재구성해 낼 때는 본인은 물론 주위 사람의 사생활이 노출되어 때론 그것이 발목을 잡을 때가 있다.

문우 P선생은 친구와의 아픈 추억을 회상하면서 '오목교'라는 전철역 이름을 썼다. 오목교를 들먹이며 친구 이야기를 쓰면 독자들이 금방 유명인사인 남편을 떠올릴 거라고 걱정하면서도 굳이 그것을 고수하고 싶어 했다. 오목교는 견우직녀가 애달프게 만나는 오작교를 연상시킨다며 슬픈 분위기를 연출하는 데에 가장 잘 어울리는 이름이라는 것이었다.

문우 H선생은 온 가족이 함께 다니는 교회 홈페이지에

술 취한 아버지의 실수담을 소재로 쓴 수필을 올렸다가 혼이 났다고 했다. 본인은 유년기의 재미있는 추억이라며 글을 썼고, 교인들은 그 시대의 아버지 모습에 공감하고 손뼉을 쳤지만 언니와 오빠는 가족의 치부를 적나라하게 공개한 지각없는 동생이라며 질타를 했다.

나도 가끔 그런 일을 겪는다. 지역 신문에 남편과의 에피소드를 소재로 한 칼럼을 게재한 날은 괜히 긴장된다. 퇴근하며 들어오는 남편의 표정 때문이다. 흉을 본 날은 회사 직원들한테 놀림감이 되었다며 퉁퉁 부었고 멋지게 묘사된 날은 싱글벙글이다. 아들도 가끔 컴퓨터 자판을 두드리는 내 뒤에 서서 경고를 한다. 읽지도 못하는 한글판 모니터를 들여다보며 자기 이야기는 절대로 쓰지 말라며 목에 힘을 준다.

시인이며 문학평론가인 김광섭은 〈수필문학 소고〉에서 "수필이란 다른 문학보다 개성적이며 심경적이며 경험적이다. 우리는 오늘까지의 위대한 수필문학이 그 어느 것이 비록 객관적 사실을 취급한 것이라 하더라도 심경에 부딪치지 않는 것을 보지 못했다. 강렬히 짜내는 심경적인 것이 아니요. 자연히 유로되는 심경적인 점에 그 특징이 있다"라고 했다. 아무리 평범한 일상일지라도 사람과 사람 사이, 사람과 사건 사이에서는 미묘한 감정의 그림자가 발생한다. 그 감정의 흐름을 성찰과 깊은 관조로 담금질한 후 진솔하게 토해 내는 것이 수필이고, 그런 벌거벗은 고백의 수필이라야 독자를 감동시킬 수 있다는 것이다.

사람들은 동생 테오에게 보낸 고흐의 편지에 감동한다. 그는 깊은 내면의 고독과 자살까지 몰고 간 정신적인 고통, 지독한 가난에 대해 감추거나 치레하지 않았다. 느껴지는 감각대로, 떠오르는 생각대로 진실을 썼다. 카프카는 진실하고 애틋한 마음의 고백이야말로 우리 안에 잠재하는 연민을 끌어올려 주는 펌프이고 우리 안에 얼어붙은 바다를 부수는 도끼라고 했다. 나는 그걸 알면서도 때로는 컴퓨터 자판을 두드리다 말고 망설인다. 이게 내 자존심을 상하게 하는 글인가? 창피한 글인가? 혹시 자랑으로 비춰지는 건 아닐까? 쓰고 지우고 또 쓰면서 아직도 진정한 수필의 바다에 첨벙 뛰어들지 못하고 얕은 물가에서 출렁거린다.

오늘은 노세쿠 대신 다른 이름을 가져와야 하는데 묘수가 없다. 나라 이름을 아예 바꿀까 하는 생각도 한다.

태국은 어떨까? 태국 식당에 가서 종업원 이름을 물어보면 된다. 하지만 태국 사람이 남의 집 도우미로 일한다는 말은 들어본 적이 없다. 그럼 필리핀? 그것도 곤란하다. 필리핀 사람은 간호사나 의사가 많아 필리핀 도우미는 아무래도 어색하다. 다시 미얀마로 돌아가야겠다. 누가 읽어도 이의를 제기하지 못할 정확한 미얀마 여자 이름을 찾아야 하는데. 아침나절 내내 인터넷을 뒤져도 대통령 이름 외에는 없다. 남의 대통령 이름을 도우미에 갖다 댈 수는 없다. 검색 창에 '미얀마 여자 이름'이라고 입력했다. 그 나라의 여자는 성은 없고 이름만 있다는 말만 나올 뿐 그 흔한 이름을 말해주는 곳은 없다.

피곤하다. 커피를 끓인다. 고소한 고디바 커피향 속에서 갑자기 동남아 출장을 자주 다니는 아들이 떠오른다. 베트남, 태국, 인도네시아를 간다고 하던데 미얀마에도 가지 않을까? 얼른 아들에게 문자를 보냈다.

"아들, 혹시 미얀마 여자애 이름 아는 게 있어?"

"왜? 어디에 쓰려고?"

"내가 현 아줌마네 이야기를 수필로 썼는데 그 집 도우미가 주인공이거든. 그런데 그 이름을 쓸 수가 없어."

"미얀마 여자애 이름으로는 Sanda, Thanda, Thiri, Hayma가 많아."

쎈다, 딴다, 티리, 헤이마? 아무래도 세 글자 이름의 느낌이 부드럽다. 헤이마가 좋을 것 같다.

"오, 헤이마가 좋네."

이리하여 내 글에 등장하는 친구네 도우미 이름은 제시카로 시작하여 노세쿠, 라세쿠를 거쳐 드디어는 헤이마가 되었다. 커피를 꿀꺽꿀꺽 넘기며 나는 어깨를 으쓱한다. 보다 감동적인 문학적 조처를 위한 선의의 거짓말을 누가 나무랄 것인가?

◀작품 평설▶

진실과 허구 사이에서

이 글은 수필 장르가 갖는 진실성과 허구성 사이의 긴장을 탐구한 작품이다. 작가는 실제 경험을 바탕으로 하면서도 등장인물의 이름을 바꿔야 하는 상황, 사실과 허구의 경계에서 느끼는 갈등, 주변 사람들의 반응, 수필가로서의 고민과 자기 검열 등을 솔직하게 드러낸다. 즉 '무엇을' 쓸 것인가보다 '어떻게' 쓸 것인가, '왜' 이렇게 쓸 수밖에 없는가에 대한 자기반성과 글쓰기의 내면적 과정에 주목한다. 작가는 등장인물의 이름을 어떻게 표현할까의 문제를 두고 고심하는 과정에서 수필이 지향하는 정직한 체험의 서사와, 문학적 효과를 위한 '선의의 거짓말' 사이에서 갈등한다. 이러한 갈등과 고민은 수필의 본성이 객관적 진실 자체보다는 진심 어린 마음의 표현과 성찰, 그리고 문학적 소통에 있다는 점을 일깨워 준다. 이 작품의 주제는 진실과 허구의 경계에서 글의 진정성을 지켜내는 수필의 참모습에 대한 성찰이다. 이 글의 장점은 수필 창작 문제를 구체적인 경험에 기대어 풀어나가고 있다는 점일 것이다.

좌표 (0.0)에서

정 성 화

 새로운 글을 구상하고 있을 때, 나의 문학적 좌표는 늘 (0.0)이다. 동서남북도 알 수 없는 허허벌판에 서 있는 기분이다. 성실하게 글을 써온 것은 아니지만, 수필을 붙들고 지내온 세월이 적지 않은데 왜 이럴까. 글쓰기를 매번 지도 없이 떠나는 새로운 여행이라고 한 이도 있다. 그렇다면 얼마쯤의 설렘이 있어야 하는데 나에겐 그런 여유가 없다.

 글을 쓰고 싶은 마음이 가득 차 있을 때가 아니라 지정된 날짜까지 글을 써서 보내야 할 때, 책상에 앉기 때문이 아닐까. 어디 송금을 해야 하는데 통장의 잔액이 부족할 때와 비슷한 심정이다. 힘들면 도망가고 싶고 그만두고 싶어진다. 그런데도 왜 나는 여전히 수필판에 머물러 있는 걸까. 할머니에게 들은 "간다 간다 하더니 애 셋을 낳더라"라는 속담이 생각난다.

'호모 로퀜스Homo loquens', 언어를 사용하는 인간이라는 의미다. 자신의 감정을 표현하고 싶은 욕망이 인간으로 하여금 언어를 사용하도록 만들었을 것이다. 내가 글을 쓰게 된 것도 그런 연유에서다. 하고 싶은 말들을 누군가의 방해 없이 자유롭게 표현하고 싶어서였다. 그렇다면 말하듯이 자연스러운 글쓰기가 되어야 하는데 그것은 내게 요원한 일이다. 글이란 일상적인 수다가 아니고 문학이기 때문이다. 특정 분야에서 달인의 경지에 오르기 위해선 적어도 일만 시간 이상을 투자해야 한다는 '1만 시간의 법칙', 이 법칙도 글쓰기에는 통하지 않는다. 글은 숙련된 기술에서 오는 게 아니라 직관과 감성에서 오기 때문이다.

즐거운 삶을 위한 에너지는 세 가지 경우에 가장 많이 온다는 기사를 보았다. 자율의 상태일 때, 스스로 유능하다고 느낄 때, 그리고 좋은 인간관계를 맺고 있을 때라고 한다. 힘들어하면서도 글쓰기를 놓지 못하는 내가 어떻게 하면 즐거울 수 있을까. 글쓰기를 '좋아하는 놀이'로 받아들이면서, 한 달에 몇 편 정도의 글을 쓰겠다는 목표를 세우고 꾸준히 실천해 간다면 달라지지 않을까. 멀리 가려면 함께 가라고 했다. 이따금 마음 맞는 문우들과 어울려 글에 대한 얘기를 나누고 글쓰기에서 오는 좌절감이나 무력감을 서로 털어놓을 수 있다면 한결 나아지지 않을까.

글 한 편을 완성한 뒤에 오는 느낌은 늘 근사했다. 옷이나 가방을 샀을 때의 기쁨보다 더 오래갔다. 내가 아니면 누가 이 소재로 글을 써 줄지 생각하며 글을 쓸 때도 있다. 그럴 때는 다른 날에 비해 글쓰기가 순조롭다. 때로는 나와 글 사이에 다른 기운이 끼어드는 것을 막기 위해 외출을 자제하기도 한다.

내가 지향하는 수필은 '회화적인' 수필이다. 읽는 동안 어떤 정경이 그대로 떠오르는 수필, 표현이 섬세하면서도 서정적인 분위기를 지닌 수필을 갈망한다. 슬픔이란 말을 쓰지 않고도 무엇이 나를 슬프게 하는지 글로 보여줄 수 있기를 바라고, 독자의 오감을 간질이는 수필이기를 바란다.

작가의 이름은 기억나지 않지만 내 기억 속에 선명히 남아 있는 수필이 더러 있다. 그 작품을 떠올릴 때마다 영화의 한 장면 같은 영상이 내 머릿속에 펼쳐진다. 이렇듯 좋은 작품이 주는 감동과 여운은 세월을 이긴다. 그 수필은 대개 독특한 문체와 참신한 구성, 그리고 어휘를 끌어다 쓰는 감각이 탁월했다. 다소 매끄럽지 못한 부분이 있더라도 자신만의 수필 세계가 있는 수필을 만나고 싶다.

글쓰기는 나만의 방식으로 운영해 가는 '일인 가게'다. 손님이 뜸한 날은 글을 구상할 시간이 많아서, 자유로워서 좋다. 손님이 붐비는 날은 그동안 쓴 글을 평가받거나 조언을 들을 기회다. 그러니 옆집의 옷 가게나 화장품 가게와 경쟁할 필요가 없다. 가게 문에 기대어 "여기 한번 들러보세요"라고 소리칠 필요도 없다. 가게마다 단골손님은 따로 있는 법이니까.

자신의 글에 대한 평판을 너무 의식하는 것은 글쓰기에 독이 된다. 그러나 객관적인 비평과 지적은 흔쾌히 받아들일 줄 알아야 한다. 자신의 글에 절대적 확신을 가진 채 어떤 조언도 거부하는 사람을 본다. '우물 안의 개구리'로 끝날 사람이다. 글에 대한 칭찬이 쏟아져 내릴 때가 더 위험하다. 사실 그 칭찬도 곧 '어제 내린 눈'이 된다. 다른 이의 호평과 찬사는 대소쿠리에 한꺼번에 담아 선반에 올려두어야 한다. 그러다가 '글 기운'이 많이 떨어졌다 싶을 때 한 번씩 내려 봐야 한다.

성형외과를 소개할 때 나오는 사진 'before'와 'after'. 수술을 받으면 이렇게 달라진다는 걸 사진 두 장이 말해 준다. 나에게도 차이 나는 'after'가 있다. 부탁을 한 것도 기대한 것도 아니었지만, 수필은 나의 정신을 수술해 주었다. 언제부턴가 내 삶과 다른 사람의 삶을 비교하지 않게 되었고, 비틀거렸던 내가 바로 걷게 되었다. 삶을 바라보는 시선도 많이 부드러워졌다. 내가 글과 더불어 충실하게 살고 있다는 생각도 든다.

작년 연말에 어느 종합 문예지에 실린 수필 비평을 읽으며 얼굴이 몹시 화끈거렸다. 일 년 동안 그 계간지에 발표된 수필 중에서 단 네 편만 뽑아 평을 써 달라고 했던 모양이다. 평자는 지난 여름호에서 가장 잘 된 작품은 자신의 수필이었다며, 그 작품이 왜 잘 되었는지 긴 설명을 늘어놓고 있었다. 다른 장르의 작가들이 그 비평을 읽으며 뭐라고 수군거렸을까. 자기 작품이 아무리 만족스럽더라도 '상도덕'이란 게 있지 않을까. 인용되었음을 명기하지도 않은 채 자신의 수필 속에 시 한 구절을 슬쩍 끼워놓는 것도 마찬가지다. 수필의 위상은 일차적으로 수필가들에게 달려 있다고 생각한다.

  문학의 순기능은 인생을 새롭게 이해하고 해석하게 만듦으로서 인생의 참값을 다시 매기게 하는 것이다. 문학 중에서 수필이 맡은 영역이라면 사람의 마음을 읽어내고 어루만지고 위로하는 일이 아닐까. 그런 의미에서 수필은 인간의 근원에 닿아 있는 문학이고, 수필의 가치는 얼마나 진정성을 갖고 있느냐에 달려 있다. 그러므로 수필을 쓸 때는 자신을 위해서나 독자를 위해서나 약을 짓는 마음이어야 한다.

〖작품 평설〗

글쓰기, 나만의 가게를 여는 일

글쓰기에 대한 작가 자신의 태도와 창작 의식을 성찰하면서 수필 창작론을 구체화한 작품이다. 먼저, 작가는 글쓰기를 좌표 (0.0)에서 시작하는 여행에 비유하며 매번 새롭게 맞이하는 창작의 출발점에서 느끼는 설렘과 두려움을 드러낸다. 이를 통해 글을 쓰는 이유, 글이 삶에 가져온 변화, 수필이 지향해야 할 가치를 끊임없이 묻고 답하며 자기 성찰을 이어간다. 다음으로, 수필을 '일인 가게'나 '약 짓는 마음'으로 형상화하는 등 개성적인 비유와 표현을 통해 창작 태도와 작업 환경을 감각적으로 전달한다. 이러한 형상화는 작가의 고유한 문체적 개성을 부각한다. 마지막으로, 작가는 자신의 경험을 넘어 동시대 수필계의 풍토와 윤리 문제를 비판하고, 수필의 진정성과 문학적 책임을 강조한다. **개인적 성찰을 넘어 장르 전반의 품격과 방향성을 제시하며, 메타수필의 비평적 기능을 충실히 수행하고 있다.** 자기 성찰, 개성적 비유 등을 통해 작가의 창작 의식과 수필의 지향점을 드러낸 메타수필이다.

시간의 사리 舍利

최 민 자

  달튼 게티Dalton Ghetti는 연필심 조각가다. 본업이 목수인 그는 면도날과 바늘, 사포 같은 간단한 연장만으로 작은 세상 위에 더 작은 세상을 만든다. 확대경을 들이대야 겨우 보일 만큼 미미한 그의 창작물들은 인간의 솜씨라 믿기지 않을 만큼 정교하고 섬세하다. 쓰다가 버려진 몽당연필 위에는 톱 단추 열쇠 체인 구두 망치 같은 사물들이나, 기린 교회 알파벳 사람 얼굴 같은 형상들이 아슬아슬 얹혀 있다.

  고단한 낮 시간을 내려놓고 그는 조용히 문을 닫아건다. 마주하고 있는 것은 몽당연필 한 자루, 그 위의 검은 연필심뿐이다. 어쩌면 그가 대면하고 있는 것은 작은 연필심이 아니라 제 안에 옹송그리고 있는 컴컴하고 모호한 짐승 한 마리, 거대한 실존적 고독일지 모른다. 핏줄을 타고 손가락 끝으로 방사되어 나오는 어둠의 입자들이 연필심 안으로 빨려 들어가 다양한 미니어처로 형상화된다. 연필심 하나를 수개월 동안 들여다봐야 할 만큼 인내와 집중을 요하는 작업이기도 하지만 작업 과정은 누구에게도 보여주지 않는다. 작품을 팔아 돈을 벌거나 유명해지기를 바라지도 않는다. 지극히 사적인, 오로지 자신만을 위한 시간을 은밀하고 귀하게 누리며 즐길 뿐.

죽어 있는 물상에 혼을 불어넣고 상상을 현실화시킨다는 점에서 신과 예술가는 동일 선상에 있다. 창작의 동력이 외로움이라는 점도 비슷할 것이다. 외롭지 않았다면 하느님도 천지를 창조하지 않으셨을 테니. 주목받지 못하고 버려진 것들, 하찮고 사소한 것들과의 교감이 일견 자폐적으로 보이기도 하지만 그에게는 그것이 세상과 자아를 소통시키는 봉창 같은 것이다. 실제 그는 9.11 테러에 희생당한 사람들을 위해 매일 쌀알만 한 연필심으로 희생자 한 명당 눈물 한 방울씩, 10년 동안 3,000개의 눈물을 만들어 추모하기도 했다. 쿵쾅거리는 자신의 심장소리조차 방해로 느껴질 때면 깊게 숨을 들이쉬고 날숨에서만 연필심을 긁기도 하는데 실수로 부러진 심들조차 그는 함부로 버리지 않는다. 버려진 것들도 영원을 꿈꾼다는 사실을 이미 알아버렸으므로.

우연히 맞닥뜨린 유튜브 속 몽당연필들이 내 눈길을 오래 사로잡는다. 얼마나 오래 공을 들여야 버림받은 것들의 마음을 얻을까. 얼마나 치열하게 눈싸움을 해야 입 닫은 것들이 빗장을 풀고 속내를 순순히 드러내 보일까. 작고 보잘것없는 것들에 대한 연민, 예배이면서 구도求道일 작업 과정이 이런저런 생각으로 터덕거리고 있는 내 글쓰기를 돌아보게 한다. 과정이 즐거워서, 쓰는 동안 바깥을 잊을 수 있어서, 그것이 세상과 무관하게 시간을 견디는 방편이어서, 또는 세상에 개입하고 세상과 교감하는 방편이기도 하여서.

글도 그렇게 써져야 한다. 성취에 연연하며 좌고우면하는 대신 바늘로 우물 파듯 미련스레 천착해야 한다. 좌절하거나 자만하지 말고 묵묵하게 밀고 나가야 한다.

이분법적 사고에 익숙한 사람들이 흔하게 하는 실수는 빛과 어둠, 남자와 여자, 목적과 과정, 순간과 영원처럼 짝을 이루는 개념이나 대상들을 대척점에 멀리 떨어뜨려 둔다는 것이다. 사람들은 자주 잊어버린다. 어둠이란 빛의 반대가 아닌 빛의 부재 상태이고 남자와 여자는 대립이 아닌 상보相補적 존재이며 삶은 목적이 아닌 과정 자체일 것임을. 키 작은 연필들이 묵언으로 설법한다. 시시한 것들에 마음을 포개는 일이 도道의 시작이라면 컴컴한 내면에 미분화된 채 웅어리져 있는 말의 유충幼蟲들을 바깥으로 날아오르게 해 주는 일도 수행修行의 한 방편일 거라고. 과정에의 몰두와 도취야말로 최고의 법열法悅이고 니르바나라고.

  소란하게 흐르는 바깥의 시간은 종적 없이 미끄러져 휘발되어 버리지만 집중하는 시간은 흐르지 않고 고여 기어이 옹골찬 물질성을 획득한다.

◀작품 평설▶

과정에 몰입하는 창작의 길

　이 작품은 연필심 조각가 달튼 게티의 작업에 비유하여 예술과 글쓰기의 참뜻을 성찰하는 메타수필이다. 게티는 버려진 몽당연필에 미세하고 정교한 미니어처를 조각했다. 이 과정은 외로움과 고독, 내면의 어둠과의 대면이었다. 이 과정이 오랜 시간 인내와 집중을 요구하는 순수한 창작 행위로 그려진다. 그는 작품을 팔거나 유명해지려 하지 않고, 버려진 것에 생명을 불어넣는 데서 예술의 의미를 찾는다. 저자는 이러한 게티의 태도를 자신의 글쓰기와 연결한다. 글쓰기도 결과나 성취에 집착하기보다 바늘로 우물을 파듯 그 과정에 몰두하는 일로서 사소한 것에 연민을 쏟으며 삶의 본질을 탐구하는 행위임을 강조한다. 작가는 시간의 흐름 속에서 사라지는 일상과 달리 **집중과 몰입으로 창조된 시간은 응축되어 영원한 가치를 지닌 존재, 즉 '시간의 사리'로 남게 됨**을 말한다. 작품의 핵심 주제는 창작 과정에의 몰입이야말로 삶의 진정한 의미를 획득하고 내면적 깨달음에 이르는 길이라는 것이다.

새록새록 낯설게

최아란

 휘리릭 흘러가 버리는 날들의 한 페이지를 활짝 눌러서 펼쳐놓습니다. 구수하고도 새뜻한 종이 냄새가 느껴집니다. 사위는 여전히 바삐 흘러가지만, 이 후각에 사로잡힌 지금은 눈앞에 펼쳐진 페이지에 모든 감각이 붙들리고 맙니다.
 자연스레 왼편 윗줄부터 읽어갑니다. 등받이에 붙었던 상체가 자꾸만 앞으로 기우네요. 손가락으로 글자를 더듬어 내립니다. 곧으면서도 유연한 획들이 낯설고 아름답습니다. 미색의 적당한 행간은 평온함을 선사하네요. 글자가 머금은 뜻은 또 얼마나 가지런한가요. 숨 막히는 긴장감이나 울분도 없고, 그렇다고 벅찬 희열이나 감흥도 없지만, 그래서 더욱 눈물 나게 평화로운 문장입니다.

휘리릭 떠밀리듯 넘길 땐 몰랐는데 이런 내용이 있었던 가 싶습니다. 연필을 들어 밑줄을 긋고 싶어집니다. 동그라미를 치고 별 모양을 그려 넣기도 합니다. 색깔 펜을 꺼내 떠오르는 낱말을 적어 두기도 하지요. 문단 마지막 여백마다 손글씨가 빼곡하게 채워집니다. 얼마나 이러고 있었던 걸까요. 펼친 곳은 아까와 완전히 달라져 있습니다. 충만한 마음으로 오늘은 이쯤 해서 책을 덮습니다.

이런 몰입의 시간이 잦다면 우리의 책은 훨씬 두툼해질 게 분명합니다. 세상에 하나밖에 없는 나만의 보물이 될 테지요. 때로는 소외되고 상실하는 일에 대해서도 동그라미를 그리고 메모를 적어 넣다 보면 그런대로 견딜 만한 일, 어쩌면 꽤 낭만적인 일로 느껴질지도 모릅니다. 좋은 일이야 말해 무엇 할까요. 꼼꼼히 기억하고 충분히 음미함으로써 그 환희는 늘 새것처럼 가슴 뛰겠지요. 햇빛과 바람으로 말린 수건처럼, 따사로운 관심과 상쾌한 독려는 우리를 올올이 살아 있게 합니다. 어떠한 감상에 대해서도 후줄근해지는 법이 없습니다. 천하일품의 진미인들 꿀꺽 삼켜 버리고 만다면 아무 감흥 느끼지 못할 테니까요.

 수필이 바로 이런 일을 한다고 나는 생각합니다. 휘리릭 넘어가는 일상의 한 페이지를 꾹 눌러 펼쳐놓고 한 줄씩, 한 자씩 다시 읽어 보는 일 말입니다. 밑줄을 긋고 동그라미를 치고 느낀 바를 적어 넣는 일. 그렇게 그 삶을 두툼하고 풍성하게 만드는 일. 다른 이의 수필을 읽을 때도 그렇습니다. 나와 비슷한 일, 전혀 다른 일, 비슷한 감흥, 전혀 다른 해석을 보면서 내 내용에 더욱 집중할 수 있지요. 그렇게 한 구절 더 적어 넣을 것이 떠오르기도 합니다.

 감사와 감동이 무뎌지지 않고, 상심과 분노에 대해서도 들여다볼 용기가 생깁니다. 엉킨 것을 외면하지 않고 살살 짚어가다 보면 고약하게만 보이던 일도 퍽 단순한 꼴을 하고 있다는 걸 알게 됩니다. 게다가 그 고약함이 나를 향한 짙은 적대에서 비롯된 게 아니라는 것도요. 그런 건 그저 상대나 환경이 제 나름으로 애쓰느라 돌아가던 중에 역시나 열심이던 나의 반경에 걸려든 것에 불과합니다. 그 시시한 내막을 알게 되면 자연스레 그것에 붙들리지 않을 수 있습니다.

 세월 참 빠르다고, 우리는 지난해보다 더 자주 말하곤

합니다. 나이가 들수록, 환경에 익숙해질수록 일상에 벌어지는 일을 듬성듬성 보아 넘기기에 그렇다더군요. 감각이 둔해져 여타 자극에 하나하나 대응치 못해서 말입니다. 말간 혀로 밥을 씹고, 처음인 양 흥미롭게 장난감을 갖고 노는 아이는 하루가 짧지 않습니다. 세월이 뭉텅뭉텅 지나가 버리지 않습니다. 익숙지 않은 곳에서 새로운 것을 살피고 접하는 여행객의 하루도 그렇지요. 낯설게 바라보기. 신선한 환기와 충만한 음미는 바로 여기에서 오는 것이라 하겠습니다.

  수필의 소명도 이것입니다. 별다른 것 없는 일상의 한 대목을 펼쳐 손가락으로 일일이 짚어가며 좀 낯설게 바라보는 겁니다. 새롭게 생각해 보고 넓게도, 좁고 깊게도 궁리해 보고 무언가에 빗대어 이해하기도 합니다. 그러다 보면 그 순간만큼은 지구별을 유랑하는 여행객이 될 테지요. 가방을 끌어안고 경계를 늦추지 못하는 난민이 아니라 스스로 낯섦을 찾아 나선 즐거운 여행자. 하루 중 한 페이지만이라도 나는 당신이 새록새록 해지기를 바랍니다. 능숙함 대신 천진한 서투름으로 천천히 문제를 풀고 오지선다 보기에도 없는 답을 지어내길 바랍니다.

이를테면 나는 '이런 식은 어떤가요' 하는 마음으로 수필을 쓰겠습니다. 나의 페이지를 펼쳐 오톨도톨한 현상과 심상을 더듬어 기분 좋은 이물감을 느껴보겠습니다. 그것을 행과 열을 맞춰 종이 위에 옮겨 적어 보겠습니다. 누군가 자신의 페이지를 탐구하는 데 도움이 될 만하도록 거짓 없이 쓰겠습니다. 수필이 인생의 참고서가 되도록 말이지요.

◀작품 평설▶

수필, 낯설게 읽는 삶의 페이지

이 작품은 평범한 일상에서 새로운 의미를 발견하는, 수필의 기본 역할을 부각한다. 작가는 사소한 장면을 새롭게 응시하는 태도를 강조한다. 평범한 삶의 순간도 섬세한 관찰을 거치면 깊은 가치로 재탄생할 수 있다는 것이다. 밑줄 긋기, 동그라미 치기, 여백에 손 글씨로 메모하기와 같은 독서 행위는 수필 창작과 맞닿아 있다고 본다. 이는 단순한 읽기와 쓰기를 넘어, 내면과 삶을 두텁게 쌓아가는 자기 성찰의 과정이기 때문이다. 작가는 수필 쓰기의 핵심을 '낯설게 바라보기'로 규정하며, **수필이란 익숙함에 매몰된 일상을 낯설고 신선하게 비추는 여행자적 글쓰기라고 파악한다.** 나아가 '낯설게 바라보기'라는 문학적 태도를 바탕으로, 독자에게도 자신의 삶을 두텁게 만드는 창조적 실천을 제안한다. 이로써 빠르게 소모되는 일상에서도 수필이 여전히 유의미한 문학 장르임을 재확인시킨다. 이 글은 일상의 작은 발견이 어떻게 인간의 내면을 성숙하게 하고, 삶의 태도와 가치관을 새롭게 세울 수 있는지를 설득력 있게 보여준다.